福岡

門司港懷舊區 太宰府

▷◁ 休日慢旅 · 能量無限 ▷◁
放自己一個漫慢假期 · 漫晃步履 · 慢心滿意

人人出版

MALL

博多站位處福岡機場和天神等鬧區的中間地帶，是九州的入口玄關（P2）／福岡塔位在港灣區，從展望室眺望出去的夜景非常迷人（P4）／博多運河城是一處擁有多樣性商店的大型複合型商業設施。照片攝於2015年12月（P5）／豚骨湯汁細麵、可以加麵是博多拉麵的特色。可到當地人愛去的隱藏版餐廳或屋台體驗一番（P6）／每家的明太子口味各不相同，可買來當伴手禮（P7）

<u>049</u>

<u>054</u>

<u>079</u>

<u>099</u>

120

將旅行One Scene融入生活

122

STANDARD SPOT CATALOG
必遊景點目錄

天神周邊／中洲川端周邊／博多站周邊／港灣區／志賀島・能古島

mytrip+more!

更多想去的地方・想做的事情

126

let's
enjoy!

符號標示	☎電話　MAP地圖　🏠地址　‼交通　¥費用
	🕐營業時間　休公休日　座座位數　P停車場
地圖標示	🅐觀光景點・玩樂景點　🅤用餐　🅒咖啡廳　🅑伴手禮店・商店
	🅒酒吧・居酒屋　🅗住宿設施　🅟純泡湯　🅷休息站　⊗禁止通行

SCENE 1

@とり田博多本店
— とりでんはかたほんてん —

1

口感溫和又濃郁的雞湯融合於全身！

只要招待外地的朋友來這裡，大家一定都能吃得很開心！穿越暖簾，一進到這家時尚的店內，整個人就不禁興奮起來。水炊鍋的博多道地吃法是先從湯底開始享用。不放入雞骨而是奢侈地用整隻雞熬煮而成的湯頭，一入口的濃郁雞汁好味道便竄流全身，雞汁更從鮮嫩雞肉溢出來…。搭配自製的芳香柚子胡椒和橘醋醬，每一口都是幸福的好滋味。壓軸甜點是使用福岡產茶地八女市星野村的焙茶及抹茶所製成的，真是連最後一道都不容錯過。

RECOMMENDED BY

髮型設計師

土田瑠美 小姐

福岡美髮沙龍店「Daisy」的頂尖髮型設計師，指定請她設計髮型的客人來自日本各地。個人的美髮造型書也正銷售中。

POWER FOOD

下川端町

とりでんはかたほんてん
とり田博多本店

九州産的新鮮雞肉每天都經過精挑細選，彈牙的口感與獨特的風味為其特色。用全雞熬煮出來的濃郁湯頭是店家最自豪之處。搭配熟成黃柚子做成的柚子胡椒以及搭配湯頭與苦橙做成的黃金橘醋醬一同享用，是博多的傳統美味。

☎092-272-0920 ＭＡＰ附錄正面②D1
🏠福岡市博多区下川端町10-5博多麵屋番ビル1階 🍴地下鐵機場線中洲川端站7號出口即到 🕐11:30～23:00 🈺無休
🈂130 Ｐ無

① 水炊鍋1人份3024日圓。博多吃法是先品嘗雞肉和雞湯

② 一入口就讓人元氣滿滿，濃郁夠勁令人欲罷不能

③ 直接吃就很美味，也可搭配特製柚子胡椒和特製黃金橘醋醬享用

④ 1樓採開放式廚房空間。2樓另有完善的包廂

⑤ 加入博多青蔥享用是とり田的道地吃法。輕脆與彈牙的口感令人難忘。

⑥ 位在歷史悠久的下川端町正中央。店家的暖簾很醒目

⑦ 溫和甜味之濃郁茶香義式奶酪和烘焙茶布丁各302日圓

⑧ 特製黃金橘醋醬680日圓、特製柚子胡椒650日圓、特製辣味明太子3240日圓

SCENE 2

@D&DEPARTMENT FUKUOKA
— でぃあんどでばーとめんと ふくおか —

1

RECOMMENDED BY

主婦
西本早希 小姐

活躍於雜誌和各媒體的模特兒。現在除了
模特兒工作外，也從事企劃等各種多樣性
的活動。

我最愛的福岡、門司港懷舊區、太宰府与5、D&DEPARTMENT FUKUOKA

遇見久留米發源的布鞋與小石原燒

生活用品和家飾品、餐具等，這裡有許多簡單且充滿優雅氣息的商品，走進店裡會讓人開心得忘了時間。陶器商品種類眾多，連高級的小石原燒也看得到，可搭配各種料理，也能輕鬆使用於日常生活當中。其他像是用久留米絣布料製成的現代風工作褲，以及久留米發源的鞋子品牌等，都是造訪時才能遇見的獨一無二商品，一想到就讓人興奮不已。

博多站前

でぃあんどでぱーとめんと ふくおか

D&DEPARTMENT FUKUOKA

以「LONG LIFE DESIGN」為主題，一連舉辦將日本固有傳統工藝帶入未來元素的活動。除了福岡獨有的小石原燒和久留米絣之外，流行品與酒類、調味料等種類豐富的各類商品都受到男女老少的喜愛。

☎092-432-3342 MAP 附錄正面②E1
🏠福岡市博多区博多駅前1-28-8-2F　🚇地下鐵機場線祇園站4號出口即到　🕚11:00～20:00
❌週三　🍴40(咖啡簡餐)　🅿無

① 有小石原燒、太田哲三・圭釜的各種陶器。可讓生活更優雅

② 店內都是工作人員精選的陶器及生活用品。一路進店裡就讓人興奮不已

③ 附設咖啡簡餐店，可品嘗到用福岡當地食材做成的料理

④ 遵守古老技法卻不顯老氣的陶器餐具適合各種料理

⑤ 融入生活的時髦馬克杯3780日圓，最適合日常使用

⑥ 發源於久留米的布鞋品牌moonstar 8532日圓～。是中性取向的設計

⑦ 擁有小石原燒獨特風格的湯碗3240日圓

⑧ 福岡也擁有根深蒂固的咖啡文化。掛耳式濾泡咖啡組849日圓

我最愛的福岡、門司港懷舊區、太宰府5景

SCENE 3

@中洲的夜景
— なかすのやけい —

RECOMMENDED BY

LOVE TRIP老闆
三原葉子小姐

廣受時髦女生們喜愛的服飾複合品牌店「LOVE TRIP」老闆。目前熱衷於下班後的夜景散步

霓虹燈閃爍的大人街道
漫步在刺激的中洲夜晚

工作結束後，我最喜歡散步在街道之間。只要看到鬧區上的霓虹燈就會讓人鬆了一口氣。特別推薦的是夜晚的中洲，這裡是九州最繁華的鬧區，雖然有一些治安不好的印象，不過末班電車之前的時段行人很多，女性們可安心走在街上。老酒館集中的橫丁及人來人往的福博邂逅之橋一帶有許多適合拍照的景點，身著和服在外工作的媽媽桑姿態也讓人眼睛為之一亮。與白晝的風情截然不同的夜晚街景有著許多驚喜和新發現。

なかす
中洲

擠身於那珂川與博多川之間的中洲，餐飲店、小酒吧、酒吧等，聚集眾多人潮的九州第一的鬧區，人聲鼎沸。不論是到天神站或博多站，都只需步行10分鐘，交通十分便利。那珂川上的「福博邂逅之橋」，是拍照景點中相當受歡迎的地方。

MAP 附錄正面②D1、2　福岡市博多区中洲
地下鐵機場線中洲川端站即到

 從環繞福岡市內觀光區的開蓬巴士（→104）眺望。

 被霓虹燈妝點的那珂川。從明治時代以來就是熱鬧地區的中洲中心地區。

 那珂川周邊陳列的屋台。拉麵和天婦羅的種類多樣。

 從雙層巴士二樓享受充滿魅力的中洲夜景。

 中洲是人潮聚集的餐飲店一級戰區。也能在小巷裡見到意想不到的名店。

 自古就林立著許多餐飲店的多門通。復古昭和招牌，值得一看。

 Bar & Dining Mitsubachi可欣賞美麗夜景。☎092-739-3800／MAP 附錄正面③F1 ●18:00～翌日5:00※週日、假日～翌日 1:00 ●無休)

SCENE 4

@PALM BEACH

— ばーむびーち —

1

一邊眺望湛藍大海一邊享用美食，讓人元氣滿滿！

只要驅車前往糸島地區，一定會順道造訪的地方就是這裡。最推薦的是可充分享受度假氣息的露天座位。感受海風的同時，品嘗使用大量糸島食材做成的創作料理，整個身體都能感受滿滿的能量。複合式商業設施「PALM BEACH THE GARDENS」於2015

年7月開幕，不但有自家品牌的服飾店、夏威夷風味的咖啡廳，還有專賣糸島特產的市集，可說是充滿魅力！在這兒可玩上一整天都不會膩，對我而言是一處補充元氣的好所在。

RECOMMENDED BY

岩田屋本店　營業政策部　負責販賣促銷

水流舞子 小姐

身為百貨公司的宣傳，每天都須蒐集各種街道資訊。我最拿手的是前往採購所推薦的餐廳發掘各種好東西。

MARKET FARMER & FISHER 23

我最愛的福岡、門司港懷舊風、太宰府5景❤PALM BEACH

---

① 露天座位前方就是一望無際的大海。可感受舒適海風

② 蝦子與扇貝之茄汁奶油咖哩義大利麵（Creola風味）1680日圓

③ 位在對面的「PALM BEACH THE GARDENS」有許多商店

④ 緊鄰大海，被豐富大自然環繞的時尚外觀很醒目

⑤ 「HEY & HO」有色彩鮮豔的波佐見燒。（PALM BEACH THE GARDENS）

⑥ 可買到糸島特產品的「MARKET23」。（PALM BEACH THE GARDENS）

⑦ 用餐後至「PALM BEACH THE GARDENS」享用義式冰淇淋380日圓～

糸島

ぱーむびーち
PALM BEACH

帶有峇里島的悠閒度假氣氛、使用糸島產蔬菜及肉類做成的創作料理等，都很受歡迎。附設的「PALM BEACH THE GARDENS」內有7家店鋪，例如可品嘗到活烏賊生魚片的日式餐廳與波佐見燒專賣店等。

☎092-809-1660 MAP 附錄正面①A1
🏠福岡市西區西浦286 🚶從前原IC車程20分 🕐11:00～22:00
（12～2月是～20:00）※PALM BEACH THE GARDENS的營業時間視店鋪而異 休不定休 席80 P30輛

一窺福岡、門司港懷舊區、
太宰府的"新鮮事"

我最愛的福岡、門司港
懷舊區、太宰府5景

@自然食材餐廳「茅乃舍」

— しぜんしょくれすとらん かやのや —

❤1

濃厚的湯底及堅持無添加處處令人感動！

我在茅乃舍用餐約有8年之久了吧。第一次
造訪時，就對聳立在大自然裡的茅葺屋頂以
及堅持完全無添加的料理方式充滿感動！著
名的十穀鍋使用精心熬煮的湯頭，加入充滿
香氣的十穀、牛蒡、青蔥、耶馬溪的黑豬肉
等，食材真實的好味道融入全身，著實令人

感動。現在我都會購買家庭用湯頭包和沙拉
醬，以便在家也能嘗到茅乃舍的滋味。在家
就能輕鬆享用餐廳的美味，真是不可或缺的
寶物。

RECOMMENDED BY

藝人
えもとりえ 小姐

有「えもりえ」暱稱的知名藝人。育兒的
同時也參與TNC節目「ももち浜ストア」的
演出。

① 綠樹和河川的潺潺流聲療癒心靈，聳立在大自然中的茅葺屋頂十分醒目

② 店內很有味道，時間在溫馨的木造空間裡緩緩流逝

③ 用土鍋來煮當天精磨的嘉穗米。可品嘗到白米的香甜好滋味

④ 加入十穀、黑豬肉、當季蔬菜的著名十穀鍋（全餐3780日圓～）

⑤ 每月更換菜色的全餐。芽5400日圓。可充分品嘗以當季食材做成的9道料理

⑥ 緊鄰的「茶舍」可單點咖啡，來一杯現磨咖啡吧

⑦ 從茅乃舍車程14分處有一間久原本家總本店，從基本商品到限定商品琳瑯滿目(☎092-976-3408 MAP 附錄正面①D1 ●糟屋郡久山町久原2527 ●10:00～18:00 ●1月1、2日 ●46輛

(久山町)

しぜんしょくれすとらん かやのや

自然食材餐廳「茅乃舍」

位處久山町的山林間，特徵是一座茅葺屋頂的建築物。使用自家栽培與簽約農家的當季蔬菜，以及特別挑選的魚、肉類，細心調理出食材的原味提供給客人享用。

☎092-976-2112 MAP 附錄正面①D1 ●糟屋郡久山町大字猪野字櫨屋395-1 ♥從博多站搭乘JR福北ゆたか線快速16分，在篠栗站下車，車程20分。或從JR博多站搭車經由縣道21號約15km ●11:00～15:30、17:00～22:00（茶舍11:00～22:00）●週三 ●82 ●30輛

ANOTHER

（繼續看下去）

我最愛的其他福岡、門司港

時尚、美食和娛樂，福岡女孩對流行超敏感。
最前線的5位博多美女

Q1

SPOT

在福岡最喜歡的地方是哪裡？

Q2

GOURMET

非吃不可的美食是？

Q3

HOT NOW

現在最受矚目的旅遊主題・景點是什麼？

A1 開車到糸島可以飽覽美景，也能享受美食

我常常開車到糸島兜風。這裡有很多時尚的咖啡廳及商店，冬季的牡蠣非常美味呢。糸島市的岐志漁港（きしぎょこう／ MAP 附錄正面①A2）有許多牡蠣小屋，我喜歡和同事一起去吃烤牡蠣。

照片提供：福岡市

A2 蔬菜與肉類都是極品今泉的「n.Quad」

義大利餐廳n.Quad（えぬくぉど／☎092-726-6118 MAP 附錄正面③C3）位在今泉，我最愛吃他們以炭火燒烤的蔬菜和肉類，每週都會去1次。使用的是長崎縣與高知縣出產的食材，如南島原市的「花房和牛」等，所有的料理都不容錯過！

A3 從太宰府前往有美容養顏效果的二日市溫泉

在太宰府的咖啡廳品嘗茶品後，前往位在二日市溫泉的大丸別莊（だいまるべっそう／☎0120-44-4126 MAP 附錄正面①D3）。這兒有一座約100坪大的露天浴池，我也很喜歡這棟有150年以上歷史的古老建築物。

Daisy 髮型設計師
土田瑠美 小姐

A1 不知不覺成為這家店的老主顧

我每週會光顧四次位在今泉的居酒屋，雄屋わさび（たけやわさび／☎092-716-7700 MAP 附錄正面③D3）或鎮座タキビヤ（ちんざたきびや／☎092-718-7557 MAP 附錄正面③D3）。店內到半夜3點依舊人聲鼎沸。

A2 提到福岡就想到生魚片和拉麵！

福岡給人的印象就是新鮮海產。尤其前面所介紹的「鎮座タキビヤ」的魚類是從漁夫直接進貨而來的，新鮮度掛保證！最後必定造訪的壓軸是有美味豚骨拉麵的らーめん屋鳳凛今泉のバス停まえ店（→P33）。

A3 也可到當地人最愛的天神一帶散步

居家的我喜歡悠閒的生活，所以休假日大部分時間都待在家裡。工作的空檔則會到星巴克閱讀或在附近轉換心情。到天神悠閒地散散步也很不錯喔。

主婦
西本早希 小姐

SCENE♥

懷舊區、太宰府風景

其中我們訪問了走在流行
私底下最愛做的事。

A1 晴朗的日子會開車帶著愛犬到海邊兜風

休假日我會與愛犬開車到糸島兜風充電。從二見浦（ふたみがうら／**MAP** 附錄正面①A1）至芥屋（けや）一帶的海岸線特別舒服！二見浦還被選為「日本的海岸100選」之一呢！順道前往位在海邊的時尚咖啡廳也是我的樂趣。

A2 隱藏版的福岡美食咖哩和鯖魚三明治

福岡有許多知名的咖哩餐廳。Tiki（てぃき／☎092-738-2008 **MAP** 附錄正面③E2）的咖哩香辛料搭配得非常美味，很容易讓人上癮！除此之外我也很愛福岡知名的鯖魚三明治，夾著烤鯖魚的三明治很適合搭配葡萄酒。

A3 我想去看看成千上百螢火蟲飛舞的奇幻景象

我至今沒看過螢火蟲，從以前就很想要親眼瞧瞧。聽說北九州市八幡西區黑川一帶有許多螢火蟲，今年一定要去看看。6月會舉辦螢火蟲祭典活動喔。

LOVE TRIP老闆
三原葉子 小姐

A1 紅葉和綠葉都非常美麗！位在太宰府的「光明禪寺」庭園

我的老家在太宰府經營烏龍麵店，因此我常去光明禪寺（こうみょうぜんじ／**MAP** 附錄正面④A2）。光明禪寺距離太宰府天滿宮參道有一點距離，環境幽靜令人放鬆。這裡雖然是著名的賞楓景點，不過鮮綠的嫩葉季節也非常迷人喔。

A2 大力推薦，一定要品嘗「さもんじ」的水炊鍋

水炊鍋餐廳さもんじ（☎092-732-3357 **MAP** 附錄正面②C2）是岩田屋的採購人員推薦給我的。濃郁的湯頭和多汁的肉丸都讓人感動不已！單點料理也都費工製作，日本酒種類齊全，喜愛小酌一杯的人一定能吃得很滿意。

A3 輕鬆的旅遊氣氛前往自然豐饒的島嶼

我想去位在福岡市西區的能古島（→P117）看看。從市區搭船只要10分鐘便能抵達，這種距離不遠，就能輕鬆享有旅遊氣氛的感覺很棒呢！我想到島上散步運動，也想親近大自然！

岩田屋本店 營業政策部 負責販賣促銷
水流舞子 小姐

A1 小倉的廚房——「旦過市場」懷舊的外觀讓人心情雀躍！

我非常喜歡位在小倉北區的古老市場——旦過市場（たんがいちば／**MAP** 附錄背面⑨K2）的外觀和熱鬧氣氛，每週都會造訪一次。這幾年來增加不少具有特色的年輕老闆所開設的店鋪，選擇性變多了，逛起來也更有趣！

A2 每個月都要光顧一次的「ふきや」大阪燒

ふきや（福ビル地下店☎092-713-0743 **MAP** 附錄正面③D1）是我的藝人前輩內掘美介紹給我的大阪燒店。超大分量及令人懷念的好滋味都充滿吸引力♡。每當身心俱疲時就會想來吃。

A3 想要自駕兜風尋找不為人知的福岡新景點

為了宣傳福岡的魅力，我正在規劃介紹稀有景點、歷史及生活小常識的節目「福岡トリビアスポット巡り」與「北九州映画ロケ地巡り」。也想去北九州市平尾台附近的水果園採水果，以及到久留米市吃燒烤和煎餃！

照片提供：福岡市

藝人
えもとりえ 小姐

從地圖瀏覽福岡

從哪裡玩起好？我的私房旅行

福岡各地區都孕育了自己獨特的文化，每個街道的氣氛都不一樣。
可先找出想去的地方，再來規劃屬於自己的行程表。

購物地區

━━━━━━━━━━ P104

**無論購物還是用餐都非常
便利的福岡最時尚地區！**

てんじんしゅうへん
天神周邊

百貨公司聚集的天神、時尚
的街道店鋪與咖啡廳林立的
大名、充滿特色的咖啡廳和
商店散落其間的今泉和藥院
等地，這裡是福岡最精華的
流行地區。

從天神步行可到的
今泉有許多隱藏版的
店家。渡邊通是天
神的主要道路，總是
熱鬧非凡。
可在今泉與藥院尋找
喜歡的個性化商店

博多灣

N
0   500M

港灣區

西公園出入口
都市高速

博多灣內航路

百道出入口
海濱百道
福岡Yafuoku!巨蛋

中央町
長濱

福岡塔
往姪濱

大濠公園

唐人町
地下鐵機場線

大濠公園
大濠池
福岡城跡

西新
福岡市美術館
護國神社

藤崎
往姪濱

六本松

別府
地下鐵七隈線
往七隈
地下鐵七隈線

━━━(mytrip + more!)━━━

沉浸在歷史氣息中
だざいふ
太宰府 ━━━━━ P120

太宰府天滿宮供奉的是知名的學問之神，
來自全日本各
地的參拜者非
常多。可學習
到歷史與文化
知識的九州國
立博物館也是
人氣景點。

懷舊又時髦的街景很迷人
もじこう
門司港 ━━━━━ P124

以國際貿易港而興盛的門司港懷舊區
林立著許多明治～大正時代氣
息的時髦西洋建築，光是散步
就充滿樂趣。烤咖哩飯等西
洋風味美食種類
很多。

搭乘遊船的時空之旅
やながわ
柳川 ━━━━━ P126

可搭乘遊船進行觀光或前往庭園散
步，享受城下町
獨有的風情。鰻
魚和有明海的海
產美食也充滿魅
力。

散步地圖

到度假勝地
感受清爽的海風

ぺいえりあ
港灣區

福岡的鬧區距離海邊很近，沿海一帶是度假區。Bayside Place博多和福岡塔有許多觀光景點。

P114

海上入口・Bayside Place博多

散步地圖

古老氣息洋溢的地區
可感受到博多人的熱情

なかすかわばたしゅうへん
中洲川端周邊

包夾於那珂川和博多川之間的中洲地區是九州最具代表性的鬧區。東側的川端地區尚保有一些櫛田神社等具有歷史的建築物，老街氣息濃厚。

P110

每天都擠滿當地人和觀光客。美食、購物、伴手禮全匯集在此

只要提到福岡就絕對不能
錯過的中心地區

はかたえきしゅうへん
博多站周邊

匯集各種交通機構，便利性絕佳。車站大樓規模廣大且熱鬧非凡，無論是購物、美食餐廳、伴手禮店等都聚集在此，是一處可體驗福岡之好的地區。

購物地圖
P113

一整年都可在櫛田神社欣賞到博多祇園山笠祭的飾山（6月除外）

旅遊時間若是充裕還可延伸至鄰近縣市

からつ・よぶこ
唐津・呼子 ————— P128・132

以唐津燒聞名的城下町有不少如唐津城等具有歷史性的建築物。名為呼子的知名烏賊美食也不容錯過。

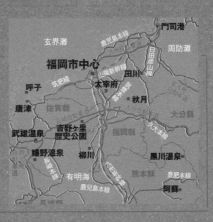

從哪種玩起好？我的私房旅行

Listen

須事先了解的基本二三事
我的旅行小指標

要住宿幾天？住在哪裡？該吃什麼？出門旅遊好多疑難雜症。
以下整理出10個小指標，安排行程時可列入參考！

準備出發前…

市區觀光可安排2天1夜
若是3天2夜還可到郊外旅遊

想在博多‧天神地區享受美食與購物之旅，
2天1夜就可十分盡興。若是可以多待一
晚，還可玩遠一點到太宰府或柳川、門司港
懷舊區等，前往博多‧天神氣氛稍微不同
的郊外走走。

②
推薦的季節為
春季～夏季

博多最熱鬧的時期是黃金週時所舉辦的「博
多咚打鼓海港節」與7月「博多祇園山笠
祭」期間。尤其博多祇園山笠是一項震撼力
十足的祭典活動，有些觀光客為了觀看壓軸
的追山，每年都造訪博多。

主要活動
- 5月3、4日…博多咚打鼓海港節
- 7月1～15日…博多祇園山笠祭
  （1日公開展示飾山、15日舉辦追山）
- 11月下旬…博多千年煌夜

非吃不可的美食是拉麵和
牛雜火鍋，海鮮也不能漏掉

來到博多，一定要去品嘗已成為代名詞的博多
拉麵和美味無比的牛雜火鍋，而玄界灘的新鮮
海產也千萬不容錯過。每個季節捕獲的魚貨種
類都不同，先確認一下當季魚種會比較好。生
魚片記得要沾九州的甜味醬油吃吃看。

當季海鮮月曆
- 4～9月…海膽
- 6～9月…竹筴魚、劍尖槍烏賊
- 10～2月…鯖魚
- 10～4月…糸島牡蠣

除了福岡市中心，還可到糸
島、太宰府、門司港旅遊

以豐富大自然與時尚店鋪造成話題的糸島、
能體驗具有歷史的太宰府、以及擁有古典建
築物魅力的門司港等，都是值得前往觀光的
人氣地區。糸島建議開車前往，至於太宰府
和門司港的交通十分便利，轉乘也很方便。

Listen

抵達福岡後…

空中的交通樞紐是福岡機場
陸地的入口玄關則是博多站

從東京搭飛機到福岡約2小時。飛機班次很多，機場直通市營地下鐵，5分鐘便能到達博多站，11分鐘可抵達天神站，非常方便。從大阪或名古屋可搭乘東海道・山陽新幹線，約需2個半小時~3個半小時。

在當地移動可搭乘方便
的地下鐵和路線巴士

若是在福岡市中心觀光，搭乘地下鐵和步行是最便利的方式。另外也推薦環繞市中心只要100日圓車資的巴士。還有多條以博多巴士總站為起點行駛到郊外的巴士，只要善加運用會很有效率。

住宿最便利的地方是博多站
周邊或天神一帶

若要玩遍福岡市中心，博多站附近或大神地區絕對是不二的選擇。想要到太宰府、柳川的人可住在天神一帶的飯店。也有女性專用優惠或備有大然溫泉的飯店，視個人喜好做選擇。

可享受散步樂趣的是
博多・大神地區

總是人潮不斷的車站大樓、JR博多城、以及九州最熱鬧的商業區天神寺，這些地方就擁有可逛上一整天的美食饗廳和購物廣場。位在天神徒步圈的人名與藥院也有許多具特色的商店，極力推薦給喜歡購物的人。

想品嘗博多美食就
一定要續攤

福岡是美食之都。2天1夜的行程想網羅所有著名美食不容易，各種料理都想品嘗一番的話，續攤是最好的方式。第1家吃烤雞皮、第2家淺嘗一口煎餃、第3家大啖牛雜鍋…等，可事先做好規劃。

想買伴手禮到
JR博多城就對了

無論是拉麵、明太子、甜點類、雜貨、或是當地限定商品，所有知名店家的商品都聚集在此。這裡直達JR博多站，要搭飛機或是大眾交通工具都非常方便，出發前一刻都還能在此挑選伴手禮。

詳細交通資訊請見 P134

Route

不知道該怎麼玩時的好幫手
標準玩樂PLAN

福岡有好多觀光景點，以下規劃出最具吸引力的精華行程表。
可參考這些行程來安排屬於自己的旅遊！

Plan

第 1 天

Start

↓ 地下鐵天神站
｜步行3分

1. Shin-Shin 天神店
｜步行3分至天神站

2. 天神周邊
｜天神站步行3分

3. Ivorish
｜步行6分

4. 田しゅう
福岡大名本店
｜步行12分至天神站

5. 天神地區的屋台

第 2 天

6. 因幡うどん
SOLARIA STAGE店
｜從西鐵福岡（天神）站搭乘西鐵天神大牟田線・太宰府線約30分，在太宰府站下車步行5分

7. 太宰府天滿宮
｜步行即到

8. 太宰府天滿宮參道
｜從太宰府站搭乘西鐵太宰府線・天神大牟田線約30分，在西鐵福岡（天神）站下車步行6分至天神站，再轉搭地下鐵機場線5分，在博多站下車步行4分

9. 旭軒站前本店
｜步行4分

10. JR博多城
｜直通

↓ JR博多站

Finish

第 1 天　**1**　拉麵午餐

地下鐵天神站

Start

天神 ── P30

しんしん てんじんてん
Shin-Shin 天神店

只要提到福岡美食，就一定不能錯過拉麵！最自豪的豚骨拉麵湯頭濃厚卻不帶異味，連女性都無法抗拒。

2　街道散步

天神 ── P104

てんじんしゅうへん
天神周邊

有許多時尚店鋪和老店，天神一帶總是熱鬧非凡。無論到咖啡廳或是購買自己的禮物都充滿樂趣。

第 2 天　**6**　早餐

天神 ── P45

いなばうどん そらりあすてーじてん
因幡うどん
SOLARIA STAGE店

博多烏龍麵的特色是麵條柔軟。身體疲憊時，滑順的麵條一入口，美味的口感讓全身都舒暢起來。

7　參拜

太宰府 ── P122

だいふてんまんぐう
太宰府天滿宮

除了品嘗美食與購買伴手禮外，接觸當地的歷史和文化也是旅遊中的樂趣。看到莊嚴的本殿讓人不由得挺直背脊。

3 ｜ 品茶時間

大名 ——— P69

あいぼりっしゅ
Ivorish

發源於福岡的法國吐司專賣店，在當地也是非常受到歡迎。無論甜點還是正餐類，福岡本店限定的菜色千萬不能錯過！

4 ｜ 晚餐

大名 ——— P49

たしゅう ふくおかだいみょうほんてん
田しゅう 福岡大名本店

福岡的夜晚還是最適合吃牛雜鍋！滿滿的膠原蛋白加上健康取向口味，不僅廣受女孩們喜愛，聊起天來也更耙勒。

5 ｜ 屋台續攤

天神 ——— P40

てんじんえりあのやたい
天神地區的屋台

漫漫長夜尚未結束！天神一帶很熱鬧，就算單身一人也能安心享用屋台。與鄰座客人聊天也很有趣呢。

8 ｜ 邊走邊吃

太宰府 ——— P120

だいふてんまんぐうさんどう
太宰府天滿宮 參道

到太宰府天滿宮參拜後，可在參道散步並買些小吃嘗嘗。除了知名的梅枝餅外，也有許多美味食物。

9 ｜ 用餐

博多站周邊 ——— P52

あさひけん えきまえほんてん
旭軒 駅前本店

博多的一口煎餃店眾多，這裡的煎餃偏小且吃起來不膩口。內餡蒜頭減量，吃多也不用擔心。一定要搭配啤酒一起享用。

10 ｜ 購買伴手禮

博多站周邊 ——— P86

じぇいあーるはかたしてぃ
JR博多城

有350家店舖進駐，是日本規模最大的車站大樓。生活相關雜貨與甜點等各種當地商品琳瑯滿目，讓人想買回去當作紀念。

Finish

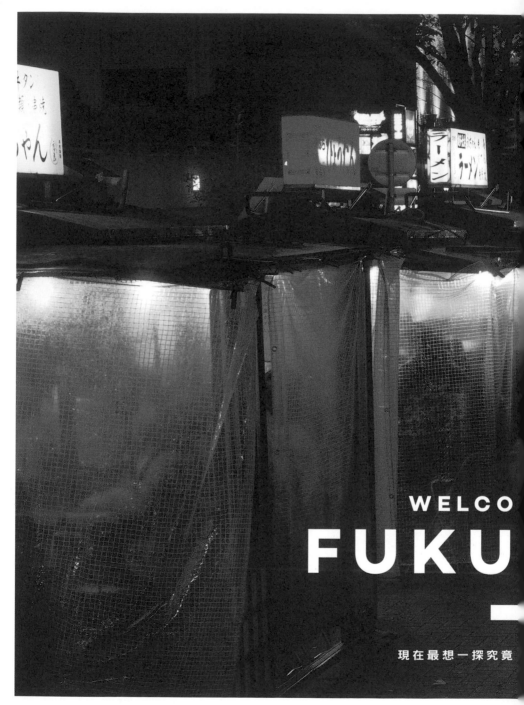

WELCO
FUKU

現在最想一探究竟

ME TO

OKA

的福岡觀光

Let's start
your trip!

GOURMET GUIDE

即將遍及全日本！
人氣＆實力堅強的拉麵店

想在競爭激烈的博多拉麵聖地福岡脫穎而出，就必須擁有能滿足當地挑嘴饕客之實力。
以下偷偷告訴大家已在博多當地受到廣大支持，很快就要擴展至全日本的知名麵店！

COMMENTED BY 野田えみ EDITOR

拉麵600日圓。配菜擺
盤也都非常講究

天神

しんしん てんじんてん
Shin-Shin 天神店

超細麵條能與濃厚湯頭緊密結合
只有這裡才能吃到的絕佳滋味

由曾在福岡知名屋台磨練出好手藝的老
闆所研發出來的「博多純情拉麵」。最
自豪的是以豚骨湯底為主，加入佐賀縣
產「有田雞」與九州產的蔬菜所熬煮而
成的湯頭相當濃郁，但吃起來卻意外地
不膩口，跟超細麵條緊密結合。

☎092-732-4006 [MAP]附錄正面②C1
🏠福岡市中央区天神3-2-19 🚇地下鐵機場線天
神站2號出口步行3分 🕚11:00～翌日3:00
🈺週日(逢假日則營業、翌休) 🈳30 🅿無

1 很受歡迎的伴手禮拉麵（3包入）
1190日圓 2 平日即便過了中午，客
人依舊絡繹不絕 3「為了讓客人滿
意，服務也很重要。每張餐桌都有專
人負責，不讓客人久等。」總經理用
松晃說。

SO DELICIOUS!

與湯頭完美結合的超細麵條

在製麵所「川部食品」的協助下，使用麵條不易煮爛的小麥粉研發出1.3mm以下的超細麵條

舒適的店內

無微不至的服務造就了舒適的用餐環境，是店主細心之處

1 手工製作的一口煎餃450日圓 2 炒拉麵700日圓 3 味噌口味之內臟鐵板燒950日圓

豐富的單點料理

值得一提的是適合嘴饞時點來吃的單點料理，種類很豐富！

層次豐富的湯頭

湯頭是用豚骨和雞骨、提味蔬菜以地下水長時間熬煮而成的，口感溫和，完全沒有雜質和異味

This is STANDARD

博多拉麵的基本

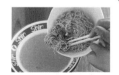

超硬麵條BARIKATABARIKATA

在福岡，麵條越硬越道地。比普通還硬一些叫做「カタ」、更硬就是「バリカタ」，可說是博多人的最愛

酸菜和紅薑

桌上通常都會擺著「酸菜」和「紅薑」。加麵時可放一些進去為湯汁增加味道

加麵

吃不夠時可加麵。第1碗麵剩下最後一口時是最好的加點時機

溫和湯汁加入中粗麵而成的海鮮豚骨拉麵720日圓。火烤叉燒肉是重點

中洲

うなり なかすてん

海鳴 中洲店

招牌是濃郁的海鮮豚骨湯頭
每月1次的嶄新創作充滿吸引力

2009年開幕後立刻擴張至4家分店的實力派拉麵店。「海鮮豚骨拉麵」是豚骨熬煮了20小時後，加入上等美味的海鮮湯頭調製而成的，另外每個月還會研發一道創意拉麵。來到這兒也能品嘗到口味獨特，有如義大利麵般的西式拉麵。

☎092-281-8278 附錄正面②D1
🏠福岡市博多区中洲3-6-23和田ビル1F角号
🚇地下鐵機場線中洲川端站4號出口步行3分
🕕18:00～翌日6:00 休週日 席13 P無

海鳴的宗旨是「開心又美味的店」。「每家分店菜單都不同，期待創作出讓人眼睛為之一亮的拉麵。」店長山田紘史這麼說。

1 位在鬧區的中洲店營業到清晨6點，讓人感到安心 2 青醬拉麵740日圓，清香的羅勒葉意外地與豚骨味道很搭 3 以大火熬煮豬頭骨燉煮出美味。把最高級柴魚片熬煮成的海鮮湯頭加入碗裡一起調製

博多站中央街

はかたしんぷう でいとすてん
博多新風 DEITOS 店

黑豚骨拉麵，因使用焦味蒜頭製成的「大蒜麻油」而博得好評的人氣店。花18小時以上熬煮而成的湯頭與口感紮實的自製麵條口味絕配。

☎092-475-8239
MAP附錄正面②F2 🏠福岡市博多區博多驛中央街1-1博多DEITOS2F ‼️直通JR博多站 🕐10:30～22:30 休無休 座23 P無

1 直通JR博多站，交通超便利 2 黑豚骨（附蛋）780日圓

住吉

らーめんたいぞう
ラーメン　TAIZO

細心地處理豚骨後，再花20小時熬煮，去除雜質的湯頭竟然一點異味都沒有，可嘗到最天然的甜味，與自製麵條搭配得恰到好處。加了焦蒜麻油的濃厚黑拉麵700日圓，也很有人氣。

☎092-474-8787
MAP附錄正面③G3 🏠福岡市博多区住吉4-28-1 ‼️在博多站前A乘車處搭乘西鐵巴士10、303路約4分、住吉下車步行3分 🕐12:00～3:00（週日～翌日1.00） 休不定休 座17 P無

1 豚骨濃郁順口 2 只有吧檯座的寬廣店內

今泉

らーめんやほうりん いまいずみのばすていまえてん
らーめん屋鳳凜
今泉のバス停まえ店

辣味拉麵的發源店。湯頭沒有豚骨的異味，且清爽不膩。加入特製辣味醬後味道更濃郁。迷你拉麵加上煎餃3個，附小碗白飯的女性套餐490日圓。

☎092-713-7070 MAP附錄正面③C3
🏠福岡市中央区今泉2-5-24 ‼️地下鐵七隈線天神南站1號出口步行4分。或從博多巴士總站搭乘西鐵巴士113、201路約15分、今泉一丁目下車即到 🕐11:30～翌日5:00 休不定休 座13 P無

1 只有吧檯座的乾淨店內 2 滿腹套餐790日圓。有拉麵、5個煎餃及白飯

可以驕傲地說出吃過了！
絕對令人大滿足的王道拉麵

拉麵是最適合做為午餐或夜晚的最後一道料理，也是福岡美食的代名詞。
不論是老店滋味還是新穎的口味，試著找找喜歡的味道。

COMMENTED BY　山下真澄　WRITER

1 中午常客滿 2 加麵100日圓的方式也是發源於此 3 拉麵500日圓。獨特的叉燒肉很吸引人

（ 長浜 ）

がんそ ながはまや
元祖 長浜屋

只要提到「長濱拉麵」的歷史就絕對不能錯過的店。為了一嘗這家店的味道而時常造訪的饕客很多。菜單只有拉麵一種，在入口處購買餐券後告知麵條的硬度。有些常客還會指定油的多寡。

☎092-711-8154　MAP附錄正面②B2
🏠福岡市中央区長浜2-5-38トラストパーク長浜3 1F　🚇地下鐵機場線赤坂站1號出口步行12分　🕐4:00～翌日1:45　休無休　座32　P無

（ 藥院 ）

めんげきじょう げんえい
麵劇場 玄瑛

可在廚房有如舞台劇場風格的店內品嘗優質拉麵。最受歡迎的玄瑛流拉麵加入用鮑魚乾等高級食材並加入再釀造的醬油，為湯頭增添不少濃郁風味。所有的料理都堅持只使用天然食材製作。

☎092-732-6100　MAP附錄正面③B4
🏠福岡市中央区藥院2-16-3　🚇地下鐵七隈線藥院大通站1號出口步行8分　🕐11:30～14:30、18:00～翌日0:30（週日、假日11:30～17:00、18:00～22:00）　休無休　座18　P無

1 玄瑛流拉麵750日圓，美味到連湯都喝光光 2 店內彷彿就像一座劇場

大名

はかたいっこうしゃ だいみょうほんけ
博多一幸舎 大名本家

前往亞洲各國設立分店的實力派拉麵店。甜味湯頭的美味全來自豚骨本身的味道，香醇醬汁更增添湯頭風味。麵則是使用自家製麵工廠「慶史」所製作的扁細麵條，與濃稠的湯汁非常搭配。

☎092-751-8352 MAP 附錄正面③B2
🏠福岡市中央区大名1-8-4エクシード大名1F ‼地下鐵機場線赤坂站4號出口步行7分 🕐11:00～翌日1:00(週日～翌日0:00) 休無休 席20 P無

1 人氣第一名的味玉拉麵780日圓，附上口感滑潤的半熟蛋 2 店招牌是鮮豔的紅色

1 店內掛多位名人的簽名 2 拉麵700日圓。熬煮了2天的濃厚湯頭是魅力所在

渡邊通

はかただるま そうほんてん
博多だるま 総本店

現在這道拉麵的人氣已是世界規模。使用鐵製釜鍋並以大火熬煮而成的湯頭味道濃厚。追求小麥香氣與咀嚼感的自家製超細直麵條能與濃稠湯汁緊密結合。

☎092-761-1958 MAP 附錄正面③F3
🏠福岡市中央区渡辺通1-8-25 ‼地下鐵七隈線渡邊通通站2號出口步行3分 🕐11:30～翌日0:30 休無休 席39 P無

警固

ひでちゃんらーめん
秀ちゃんラーメン

花2天時間熬煮出來的超濃稠湯汁，征服許多客人的味蕾！溶入湯汁裡的膠質增添了湯頭濃稠度，與自家製超細麵完美地結合在一起。

☎092-734-4436 MAP 附錄正面③B3
🏠福岡市中央区警固2-13-11 ‼地下鐵機場線赤坂站4號出口步行7分 🕐11:30～15:00、19:00～翌日1:00(週六・日、假日11:30～翌日1:00) 休無休 席15 P無

1 拉麵（700日圓）使用的是自家製的超細直麵 2 店內瀰漫著一股豚骨香味

GOURMET GUIDE

非拉麵專賣店
卻擁有口耳相傳美味的拉麵店

並非拉麵店，但卻能煮出一碗不輸專賣店的美味拉麵。
以下介紹的是讓人感受到老闆「最後一道也想讓你滿足」的氣魄，傾注靈魂的拉麵

COMMENTED BY 田中亞彌 WRITER

赤坂 ──●─── 牛肉料理 專門店

たんてーるふじ
タンテール富士

透過多變化的料理將黑毛和牛的魅力發揮到極致

老闆曾在福岡知名餐廳「かね萬」磨練過手腕，這兒提供的是鹽燒牛尾與烤牛舌（1830日圓）等使用上等國產黑毛和牛做成的料理。品嘗完美味的肉類料理，最後來上一碗濃郁滋味的拉麵乃是這家餐廳老饕的最愛吃法。

☎092-752-0073 ▮MAP附錄正面③A3 ▮福岡市中央区赤坂3-13-33 ♥地下鐵機場線赤坂站2號出口步行5分 ●18:00～翌日0:00 休週一 座26 P1輛

SHOP DATA

1 掛滿名人照片的舒適店內 2 有吧檯座 3 有350種類的日本燒酒

告訴我！人氣的秘訣是？
使用的湯頭是花3天時間熬煮出來的招牌牛尾湯640日圓。因口耳相傳受到好評，成為人氣美食

牛尾拉麵 860日圓

湯汁呈琥珀色，是細心熬煮的證明。無雜味，吸入口後，還留著湯頭的甜味。

這道也值得推薦
鹽燒牛尾（中）
1290日圓

餐廳的知名料理。牛尾烤得柔軟到入口即化。

告訴我！
人氣的秘訣是？
使用和歌山縣「寺谷農園」酸甜適中的紀州南高梅，讓味道更鮮美

這道也值得推薦
當季燉魚
時價
※照片為燉煮金線魚（鱸）810日圓
長崎縣漁夫現撈直送後燉煮成的美味鮮魚

開運　鯛骨麵（加梅子）
中午850日圓、晚上1020日圓
湯頭裡留住鯛魚的好味道，搭配的是不易煮爛的特別訂製麵條。加入酸梅更是爽口。

（ 平尾 ）──────── 日本料理店

のだい
のだ T てい.
老闆曾在福岡市知名的日本料理店擔任過料理長。將海鮮湯頭加以變化做成的鯛骨麵頗受好評。花1週時間熬煮的細緻鯛骨湯配上自家製的魚板很對味。

有吧檯座和4人桌位

☎092-521-0877
MAP 附錄正面②D4　▲福岡市中央区平尾3-5-7白石ビル1F　🍴西鐵天神大牟田線藥院站南口步行7分　🕐11:30～14:00、18:00～翌日0:00　🈺週日(逢連假則為最後一天休)🪑12　Ｐ無

（ 春吉 ）──────── 居酒屋

てらはるよしほんてん
照 春吉本店
新鮮海產及每天都花上6小時熬煮成的燉牛肉料理很受好評。由牛筋白蘿蔔780日圓創作出來的拉麵更是壓軸料理，已從單點菜色搖身一變成為最受歡迎的美食。

☎092-715-5260
MAP 附錄正面③F2　▲福岡市中央区春吉3-14-25春吉晶田ビル1F1-C　🍴地下鐵七隈線天神南站6號出口步行10分　🕐17:30～翌1:00　🈺不定期🪑28　Ｐ無

典雅的和式風格，有半包廂座和情侶座

告訴我！
人氣的秘訣是？
有「燉煮職人」之稱的老闆所創作出來的拉麵。濃郁卻又爽口的油脂獨具魅力

這道也值得推薦
五島產的新鮮芝麻鯖魚
1200日圓
油脂豐富的鯖魚是從長崎縣五島直送來的，濃郁的芝麻醬汁帶出好味道

牛筋拉麵 600日圓
微甜的湯汁配上軟嫩牛筋和縮麵，好吃沒話講！

告訴我！
人氣的秘訣是？
中午就能品嘗到美味湯頭，很多在商業大樓上班的人也會來吃

這道也值得推薦
博多水炊鍋(2人份)
4860日圓
彈牙的撫子姬雞熬煮而成的湯頭非常美味。可沾自製的橘醋醬享用。

雞肉拉麵
756日圓
當地產雞肉和扇貝等海鮮湯頭很對味，濃郁湯汁入口後轉為清淡。煮成的上面添加了碎雞肉。

（ 住吉 ）──────── 雞肉料理專賣店

くしとみずたき はかたまつすけ
串と水炊 博多松すけ
以使用品種雞「撫子姬雞」做成的水炊鍋及串燒為主的雞肉料理專賣店。拉麵是從水炊鍋的壓軸菜得到靈感而研發的，特別受到女性喜愛。

☎092-263-7840　MAP 附錄正面③G1　▲福岡市博多区住吉1-2-82キャナルシティ博多グランド ハイアット 福岡地下1F　🍴100日圓循環巴士・天神Liner的 キャナルシティ博多前巴士站下車即到　🕐11:00～15:00、17:00～翌日0:00　🈺無休🪑100　Ｐ博多運河城停車場1300輛(收費※需洽詢)

另有下嵌式暖桌包廂，可接待團體客人

現在到博多一定要品嘗的新美食
來一碗高水準沾麵

福岡最有人氣的雖然是豚骨拉麵，不過沾麵的水準也令人驚艷
以下介紹的是連對拉麵要求很高的博多女孩都一定要吃的麵店！

COMMENTED BY 及川里美 WRITER

(藥院)

めんどう はなもこし
麵道 はなもこし

中午和晚上都營業1小時就賣光光的
人氣店。不使用化學調味料的雞白
湯口感層次豐富，與加了裸麥的自
製麵條非常搭配。這種用料實在、
有一定堅持的理念也顛覆了大家對
沾麵的印象。沾麵僅晚上提供。

☎092-716-0661 ▨▧ 附錄正面③C4
🏠福岡市中央区藥院2-4-35エステート・モア
シャトー藥院1F ‼地下鐵七隈線藥院大通站
1號出口步行3分 🕐11:45～14:00、19:00
～22:00（售完打烊）休週日 席6 🅿無

1 只有吧檯座 2 紅燈籠
很醒目 3 沾麵1000日
圓。麵條先沾鹽和醬汁
嘗嘗看

(赤坂)

めんや かねとら
麵や 兼虎

廣受歡迎的是以豚骨和雞骨豪邁熬
煮而成、充滿份量的沾麵＆拉麵。
味玉辣沾麵上頭加了滿滿的特製辣
魚粉（把魚乾燥後磨成粉狀），辣
度可從「少量」選擇至「突破極
限」。彈牙的麵條口感也是魅力之
一。

☎092-726-6700 ▨▧ 附錄正面③B3
🏠福岡市中央区赤坂1-1-18リバティ赤坂1F
‼地下鐵機場線赤坂站2號出口步行5分
🕐11:15～15:00、18:15～22:00（售完打
烊）休週二 席15 🅿無

1 味玉辣沾麵970
日圓。加入滿滿的
特製辣魚粉 2 女
孩子一個人也可輕
鬆用餐

平尾

はかたちゅうかそば まるげん

博多中華そば まるげん

10年前，在福岡沾麵還很稀少，那時為了讓博多人能愛上這種口味而開始有了「沾拌麵」。豐富海鮮搭配著福岡道地豚骨而成的湯汁讓當地人也讚不絕口。

☎092-522-8848　MAP附錄正面②D4
🏠福岡市中央区平尾2-2-18シティマンション1F　🚃西鐵天神大牟田線西鐵平尾站北口步行3分　🕐11:30～23:30（週日～23:00）※湯汁用完即打烊　🈺週週一（達假日則翌日休）　🪑16　🅿3輛

1 Q彈口感的扁麵條沾麵730日圓。最後還可加清湯 2 女性客人也很多

1 天然的木造裝潢り 2 異國風沾麵750日圓。最後適合再來碗白飯100日圓～壓軸

藥院

らーめんかめん ぱぱぱぱ

ラーメン仮面 55

在天神的斯里蘭卡咖哩店另外開的沾麵專賣店。醬汁是用2種雞肉咖哩調製而成的，辣到讓人直冒汗，不過加了椰奶和半熟蛋可讓味道溫和些。與彈牙的扁麵條緊密結合。

☎092-714-5552　MAP附錄正面③C4
🏠福岡市中央区藥院2-13-33　🚃地下鐵七隈線藥院大通站1號出口步行5分　🕐11:30～17:00、18:00～22:00　🈺週一　🪑25　🅿無

住吉

いりふねしょくどう

入船食堂

有很多忠實老主顧的人氣店。用豬骨和雞骨製成的好湯頭和易入口的麵條很搭。可加一些放在擺在桌上的醋，讓湯頭更加爽口。一吃就讓人上癮的綠咖哩沾麵（650日圓）也不容錯過。

☎092-441-0377　MAP附錄正面③H3
🏠福岡市博多区住吉4-15-6　🚃博多博多站前A上車處搭乘西鐵巴士15、303路4分、在住吉下車步行3分　🕐11:30～14:45LO、18:30～21:45LO　🈺週日、假日　🪑12　🅿無

1 沾麵（普通）650日圓。可以選擇麵條和雞油的量 2 擺放著漫畫的有趣空間

GOURMET GUIDE

門簾後面歡笑齊聚
前往新手也能放心享用的屋台

福岡每個屋台都充滿特色，很多都可讓女性放心單身前往。
連新手也能安心享用的屋台，就像是回到老家般令人舒適的空間！

COMMENTED BY 山下真澄 EDITOR

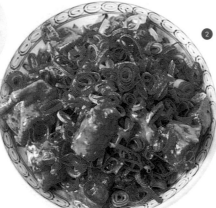

（ 中洲地區 ）

たけちゃん
武ちゃん

由曾在知名煎餃店宝雲亭
（→P53）拜師學藝的廚師所開。
煎餃盡量在客人點餐後才包，酥脆
的外皮與多汁的內餡搭配得天衣無
縫，幾乎是一道點菜率100%的招
牌菜。以味噌醬燉煮牛雜而成的土
手燒也很有人氣。

☎090-8628-9983 附錄正面③G1
福岡市博多区中洲1 清流公園旁 地下
鐵機場線中洲川端站1號出口步行7分
19:00～翌1:00 週日、另有不定期
休 12 無

1 用鐵鍋煎成的
煎餃1人份8個
500日圓。照片
為2人份 2 土手
燒500日圓 3 也
有藝人造訪

（ 3 大屋台區 ）

❶ 天神地區
市內屋台有約一半聚集在
此。距離西鐵福岡（天神）
站很近，交通非常方便。屋
台集中在大丸福岡天神店前
的渡邊通及昭和通沿路。

❷ 中洲地區
那珂川岸邊一整排的屋台霓虹燈映
在河面上，絢爛的光景很有名。觀
光客眾多的春吉橋一帶是主要地
區，除此之外的冷泉公園及須崎等
地則以在地人居多。

❸ 長濱地區
從天神站搭乘計程
車約10分的長濱地
區。以細麵和加麵
發源地聞名。

（ 天神地區 ）

やたい まるよし
屋台 まるよし

位在大丸福岡天神店旁的紅綠燈路口
附近。主廚的細心服務廣受好評，在
當地是人氣店家。1串160日圓～的
炭火串燒、豚骨拉麵、炒拉麵（750
日圓）都是招牌單點料理。也有適合
女性飲用的柚子酒（550日圓）等。

☎090-9071-1083
附錄正面③E2 福
岡市中央区渡辺通5 地
下鐵七隈線天神南站1號
出口即到 19:00～翌日
2:00 週日 14 無

1 想在最後吃碗拉麵的人也可前
來 2 拉麵550日圓。好吃到連湯
都會喝光光 3 串燒以花椰菜與
豬五花起司捲（200日圓）最受
歡迎

（天神地區）

こきんちゃん

小金ちゃん

知名美食炒拉麵700日圓。
香氣四溢的重口味料理

創業於昭和43（1968）年的屋台，是博多名產「炒拉麵」的發源店，人氣鼎盛。所謂的炒拉麵是用鐵板將豚骨湯與特製醬料及水煮過的拉麵麵條一同拌炒而成的料理。另外也有牛筋味噌煮・土手燒（580日圓）等豐富菜色。

☎090-3072-4304 MAP附錄正面③C1
🏠福岡市中央区天神2福岡蒙特利拉蘇瑞酒店前🚶地下鐵機場線天神站1號出口即到🕐18:30～翌日1:00LO（週五・六～翌日1:30LO）🈺週四、日（週一逢假日則週一休）🈺12🅿無

菲律賓最常見的家常料理炸春捲LUMPIA 400日圓。可與特製的蒜泥醬一起享用

（天神地區）

やたい てるちゃん

屋台 てるちゃん

從天神中央一帶步行約15分的幽靜地區。來自菲律賓的老闆娘ERINA總是笑臉迎人。除了有菲律賓的家庭料理，燉煮到熟爛的菲式雞肉料理ADOBO 400日圓、炸春捲LUMPIA等，也有招牌的屋台菜。

☎090-8839-6699 MAP附錄正面③A1
🏠福岡市中央区赤坂1-14-31 🚶地下鐵機場線赤坂站1號出口即到🕐19:00～翌日2:00🈺不定期🈺12🅿無

拉麵500日圓。湯頭清爽，喝完還在喉頭留下好味道

（中洲地區）

やたいけんぞー

屋台 KENZO

須崎屋台街的人氣店。以豬頭骨燉煮出好味道，所以的美味精華都在拉麵裡，吃得出豚骨湯汁味的炒拉麵750日圓、加入豚骨熬煮的關東煮一個120日圓～，很多都是老主顧。1支120日圓～的串燒、鐵板燒和牛雜鍋（各900日圓）等，菜色約30種。

☎090-5936-4669 MAP附錄正面②D1
🏠福岡市博多区須崎3 🚶地下鐵機場線 中洲川端站6號出口步行5分🕐19:00～翌2:00（售完打烊）🈺週日🈺11🅿無

炒拉麵750日圓。多汁的麵條令人垂涎欲滴

（長濱地區）

ながはま まんげつ

長浜 満月

約20種的串燒1支150日圓～以及炒內臟（950日圓）、牛橫膈膜炭火燒肉（1100日圓）等，菜色豐富，既可做為第一家嘗鮮屋台，也可以最後來這裡吃碗拉麵當作結尾。以豚骨湯做成的炒拉麵也廣受好評。

☎080-3963-1105 MAP附錄正面②B2
🏠福岡市中央区港1-1-10 🚶地下鐵機場線赤坂站2號出口步行15分。或在博多巴士總站搭乘西鐵巴士68路20分，港一丁目站下車即到🕐18:30～翌日2:00🈺週一（逢假日則翌日休）🈺15🅿無

博多續攤之夜

在博多的夜晚只吃一家美食就結束未免太可惜！沒錯，來到博多一定要續攤，夜晚涼風吹拂下，在鬧區之間散步並尋找博多美食…，以下就為大家介紹這樣子的續攤路線。

夜生活指南

在美食琳瑯滿目的博多夜晚，先至1～3家餐廳好好地品嘗道地料理是最基本第一步。之後則仿照福岡女孩們的做法，到咖啡廳來點甜食換換口味。最後壓軸只要再來碗烏龍麵，博多式的續攤就大功告成了。

START

SPOT·1
牛雜鍋

炭烤牛雜香氣四溢
第一站是牛雜鍋！

(春吉)

もつなべ いっけい はるよしほんてん

もつ鍋一慶 春吉本店

先以備長炭將日本國產牛雜炭烤過再製成的「炭烤牛雜鍋」是餐廳招牌菜。牛雜帶入炭火香味後，更讓人食慾大增。去除了多餘油脂，口感更顯清爽不膩。

☎092-731-3999 MAP 附錄正面③F2 ♠福岡市中央区春吉2-10-14 ‼地下鐵七隈線天神南站6號出口步行8分 ⏰15:00～翌日2:00 休無休 ㉑100 Ⓟ無

1 炭烤牛雜鍋1人份1060日圓（點餐限2人份～）。恰到好處的炭烤帶出好味道，湯頭風味更顯濃厚，連最後壓軸的強棒麵都美味極了 2 有一般桌位和下嵌式暖桌座位

步行
12分

SPOT·2
屋台吧

下一攤
到屋台喝調酒

(上川端町)

やたいばー えびちゃん

屋台バー えびちゃん

市內唯一一家酒吧式屋台。站在播放著爵士樂屋台內的是打著醒目蝴蝶領結的第二代老闆，同時也是擁有50年經驗的調酒師。調酒種類高達100種以上。

☎090-3735-4939 MAP 附錄正面②D1 ♠福岡市博多区上川端町7冷泉公園旁 ‼地下鐵機場線中洲川端站2號出口步行10分 ⏰19:00～翌日1:30LO 休週日、天候不佳時 ㉑13 Ⓟ無

1 招牌菜卡門貝爾起司佐烤楓糖醬860日圓與洋酒很搭 2 擁有與眾不同的氣氛是屋台的魅力所在

巴士15分

把一口煎餃當成下酒菜，展開第2回合

SPOT・3
一口煎餃

大名

はかたひとくちぎょうざ あっかん
博多一口餃子 アッカン

迷你的博多一口煎餃最適合當成續攤下酒菜。老闆是從人氣店「テムジン 警固店」出來再開店，所做的煎餃特色是以牛肉和蔬菜為內餡，外皮很有嚼勁。也有一些很適合下酒的異國料理。

☎092-713-7998 MAP 附錄正面③C3 ☗福岡市中央区大名1-5-5ライズビル1F 從博多巴士總站搭乘西鐵巴士113、203路18分，在警固町站下車步行3分 🕒17:00～翌日0:00（週五～日、假日前一天～翌日1:00）休不定期 席35 P無

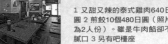

1 又甜又辣的泰式雞肉640日圓 2 煎餃10個480日圓（照片為2人份）。雖是牛肉餡卻不膩口 3 另有吧檯座

步行 9分

SPOT・4
咖啡廳

1 法國吐司750日圓。附上法式長棍麵包、自製香草冰淇淋和滿滿楓糖 2 經理是工藤千惠美小姐

讓人不禁陶醉 品嘗上等甜點換換口味

共有季節限定等10種以上的甜點。可跟好友一起分著吃喔♪

今泉

かふぇ ざんどぅ いまいずみてん
Café Xando 今泉店

若是想吃甜點換換口味，就到這間今泉具指標性的咖啡廳。一定要嘗嘗外酥內軟，裹著微甜蛋味的法國吐司。

☎092-737-9515 MAP 附錄正面③D2 ☗福岡市中央区今泉1-17-18 西西鐵天神大牟田線西鐵福岡（天神）站北口步行5分 🕒11:30～翌日0:00（週五～日、假日前一天～翌日1:00）休週二 席43 P無

步行 8分

最後不用說一定要以博多式的烏龍麵做結尾！

藥院

うたういなほ
唄う稲穂

在博多只要提到壓軸菜就一定是烏龍麵。有烏龍麵製作名人稱謂的老闆所做出來的烏龍麵彈牙美味，清爽的醬汁醬油與柑橘更是增添了小麥豐富的香味。

☎092-716-4159 MAP 附錄正面③C4 ☗福岡市中央区薬院1-10-10 地下鐵七隈線藥院大通站1號出口即到 🕒16:00～翌日3:00 休週日 席39 P無

SPOT・5
烏龍麵

1 稻穗醬油烏龍麵594日圓。糸島產的小麥做成的冷烏龍裡加入醬汁醬油與柑橘一同享用 2 也有包廂

/GOAL\

還有好多！ 讓人想續攤的人氣店

大名 そる ふぁみりあ だいみょうてん 咖啡吧
SOL FAMILIA 大名店

可吃到巧克力蛋糕650日圓等甜點的咖啡吧。從國外進口的沙發座椅為店裡營造出具魅力又奢華的空間。

☎092-724-8808 MAP 附錄正面③C3 ☗福岡市中央区大名1-2-15坂田ビル1F 從警固町巴士站步行3分 🕒18:00～翌日2:00（週五～日、假日～翌日4:00）休不定期 席90 P無

赤坂 うどんだいがく 烏龍麵
うどん大學

除了超人氣的筋釜烏龍麵（780日圓）等純手工製作的烏龍麵外，也有單點料理，如雲仙炸火腿排680日圓，日本酒和葡萄酒種類也很齊全。

☎092-724-0609 MAP 附錄正面③A2 ☗福岡市中央区赤坂1-10-1丸徳ビル1F 從地下鐵機場線赤坂站2號出口步行3分 🕒11:30～翌日2:00（烏龍麵售完打烊）休不定期 席17 P無

GOURMET GUIDE

又軟又彈牙的美味
博多烏龍麵名店

福岡有著「烏龍麵的發源地」之說，烏龍麵在此可說是相當普遍。
我的續攤最後壓軸一定是烏龍麵！請品嘗知名人氣店的博多式「軟綿綿烏龍麵」。

COMMENTED BY 中田久美 WRITER

（上吳服町）

みやけうどん

老主顧三代都來光臨！
博多人的家鄉味

創業於昭和29（1954）年。不只當地人，
就連許多離開博多的人也因懷念其好滋味而
再度回籠。湯汁是把大分縣日田產的淡味醬
油加入昆布和柴魚片熬煮而成的好滋味，與
粗麵條非常搭配。烏龍湯麵320日
圓，價格很划算。

☎092-291-3453
MAP附錄正面②E1 🏠福岡市博多
区上吳服町10-24 🚇從地下鐵機
場線吳服町站5號出口步行3分
🕚11:00〜18:00（週六〜17:00）
🈺週日、假日 🪑37 🅿無

SHOP DATA

1 吸滿湯汁的黑輪片很美味。丸天烏龍麵400日圓 2 把裝有湯汁的小嘴酒瓶放
在溫水裡。不僅可防止水分蒸發，又能保有風味 3 將大正時代的古民宅改建
而成的店鋪 4 蝦子的鮮甜讓湯汁更有味道。炸蝦烏龍麵400日圓

（祇園町）

うえすと きゃなるまえてん

WEST キャナル前店

50年前在福岡縣福津市開了1號店，之後便以福岡市中心為主廣開店。所有分店每天熱煮湯頭，炸蔬菜也都在點菜後才製作，堅持現做。晚上另有牛雜鍋1人份300日圓（點餐限2人份〜）及居酒屋料理。

☎092-273-1591　MAP 附錄正面③H1

🏠福岡市博多区祇園町11-14　🚌100日圓循環巴士、天神Linerキャナルシティ博多前下車即到　🕐24小時　休無休　席68　P6輛

1 炸蔬菜烏龍麵420日圓。厚約5cm的炸物會另外用盤子盛裝 2 很多名人低調前來光顧

1 店內播放爵士音樂 2 享用加入白蘿蔔泥的湯汁，雞汁烏龍麵650日圓

（藥院）

えみうどん

惠味うどん

在四國學習製作烏龍麵後，老闆經過多次嘗試終於研發出自豪的細烏龍麵條，並採用福岡縣民喜好偏軟的彈牙口感。懂得觀察，視不同客人的喜好，以調整麵條水煮時間也是重要的技巧。

☎092-521-1003　MAP 附錄正面②C4

🏠福岡市中央区薬院3-7-15　🚉從西鐵天神大牟田線藥院站南口步行5分　🕐11:00〜21:00　休週四　席30　P無

（天神）

いなばうどん そらりあすてーじてん

因幡うどん SOLARIA STAGE 店

在福岡市區車站內擁有4家分店的烏龍麵店。最大的特色是用天然羅臼昆布與五島・島原產的魚乾等特選食材熬煮而成的湯汁，以及易入口的粗烏龍麵條。另外也販賣1人份的麵條190日圓與1人份湯汁190日圓。

☎092-733-7085　MAP 附錄正面③D1

🏠福岡市中央区天神2-11-3地下1F　🚉直通西鐵天神大牟田線西鐵福岡（天神）站　🕐9:00〜21:25　休無休　席58　P天神地下街停車場421輛(30分250日圓)

1 牛蒡外皮吸入湯汁後口感軟化。牛蒡天婦羅烏龍麵480日圓 2 直通車站，交通便利

雞湯的好味道滲進全身
博多的頂級水炊鍋讓人元氣滿滿

美味的湯頭、軟嫩的帶骨雞肉，加上最後壓軸的強棒麵，真是好吃得不得了！
豐富的膠原蛋白非常養生，就算吃多也不用擔心。

COMMENTED BY　山下真澄　WRITER

〔 天神 〕

はかたみずだき しんみうら てんじんてん

博多水だき 新三浦 天神店

把自豪的濃濃雞湯淋在飯上
連最後一滴都不放過

可輕鬆享用老料亭店的水炊鍋。只使用雞骨長時間熬煮而成的雞湯味道非常濃郁。僅使用出生約3個月大的公雞，帶骨雞肉燉得骨肉分離，非常鮮嫩。另有水炊鍋小菜定食（1950日圓）及親子蓋飯（870日圓）。

☎092-721-3272　[MAP]附錄正面③D1　🏠福岡市中央區天神2-12-1天神ビル地下1F　🍴地下鐵機場線天神站4號出口即到　🕚11:15～15:00、17:00～21:00　❌不定期　🈺65　🅿無

SHOP DATA

1 水炊鍋梅子全餐1人份3400日圓。最後一道可選擇雞炊粥或湯飯（照片為2人份）2・3 地理位置方便，車站出來即到。有桌位與半包廂 4・5・6 全餐內含的料理。依序為醋味雞皮、雞胸肉與海蜇皮佐梅肉及壓軸的雞炊粥

上川端町

はかたあじどころ いろは
博多味処 いろは

白濁的濃湯是大量雞骨用電解水熬煮5～6小時而成。雞是佐賀產的赤雞，肉質彈牙且味道濃厚，雞肉丸也很美味。蔬菜全部都是九州產的，最大的特色是加入了菠菜。採預約制。

☎092-281-0200 ＭＡＰ附錄正面②D1
🏠福岡市博多區上川端町14-27 ♥地下鐵機場線中洲川端站7號出口步行3分 🕐18:00～23:00（週日～22:00）休週一 席150 Ｐ無

1 牆壁上掛滿名人的簽名
2 水炊鍋全餐1人份4700日圓。最後一道雞炊粥也含在全餐內（照片為2人份）

對馬小路

みずたき ながの
水たき 長野

擁有百年以上歷史的老店。100%雞骨熬成的透明雞湯裡加的是用天然飼料飼養而成的少脂肪幼雞。除了水炊鍋外，含雞肉丸及雞胗、雞肝的雞湯1人份2400日圓，也頗受好評。

☎092-281-2200 ＭＡＰ附錄正面②D1
🏠福岡市博多區對馬小路1-6 ♥地下鐵機場線中洲川端站7號出口步行10分 🕐12:00～22:00 休週日 席210 Ｐ無

1 水炊鍋1人份2400日圓。可嘗到滿滿蔬菜和帶骨雞肉（照片為2人份） 2 位在鬧區外的幽靜地區

1 有吧檯座及下嵌式暖桌包廂 2 水炊鍋宴席「華」1人份3300日圓。自製的橘醋醬讓雞肉更加美味（照片為2人份）。

中洲

とりぜん なかすてん
鳥善 中洲店

只使用出生90天，肉質呈淡粉色的優質品牌雞——華味鳥之幼雞。肉質彈性適中，越咀嚼越能吃出好味道。另有豐富又奢華的全餐，含水炊鍋、刺身及燒烤。當地的酒類也很多。

☎092-282-0033 ＭＡＰ附錄正面②D2
🏠福岡市博多區中洲2-8-2パインコート中洲1F ♥地下鐵機場線中洲川端站5號出口步行7分 🕐17:30～翌日3:00 休週日 席83 Ｐ無

GOURMET GUIDE

享用福岡女孩也推薦
的上等牛雜鍋

在福岡，「牛雜鍋女子聚會」是再平常不過的事了。有人甚至一下子就能吃下2～3人份。
不只彈牙多汁的上等牛雜與口味多樣化的湯頭，最後還一定要來上一碗強棒麵做結尾！

COMMENTED BY 三嶋真理子　FOOD COORDINATOR

1 舒適的和式座位 2 山
葵明太花枝520日圓 3
新鮮的牛雜鍋（照片為
2人份

（ 住吉 ）

ぎゅうもつなべ おおいし すみよしてん
牛もつ鍋 おおいし 住吉店

每晚都高朋滿座的知名餐廳。使用
新鮮的九州產生牛雜所熬煮而成，
因此可嘗到油脂的美味與彈牙口
感。湯頭有用4種味噌調成的味噌
口味以及醬油味、涮涮鍋式等3
種。牛雜鍋1人份1350日圓（點餐
限2人份～）

☎092-476-3014 [MAP]附錄正面③H3
🏠福岡市博多区住吉4-8-21 🚶JR博多站博
多口步行10分 🕐17:00～翌日0:00
🈺週一 🪑104 🅿無

（ 西中洲 ）

もつなべ けいしゅう にしなかすてん
もつ鍋 慶州 西中洲店

由和牛燒肉店經營的牛雜鍋專賣
店。經過肉類專門師傅細心處理過
的牛雜，有一定的好評。用牛尾熬
煮而成的牛尾鹽味牛雜鍋1人份
1512日圓，湯頭濃郁卻很容易入
口，讓人忍不住把湯都喝光光。

☎092-739-8245 [MAP]附錄正面③E1
🏠福岡市中央区西中洲2-17 🚇地下鐵機場
線中洲川端站1號出口步行5分 🕐17:00～
翌日1:00 🈺無休 🪑60 🅿無

1 牛尾鹽味牛
雜鍋的湯頭非
常美味（照片為
3人份） 2
2F也有和式
座位 3 韓式
起司煎餅853
日圓，也頗有
人氣

1 擁有可容納50人以上的和式座位 2 牛雜鍋1人份990日圓，裡頭有大腸和牛心等6種內臟，十分豐盛

（ 博多站東 ）

らくてんち はかたえきしんかんせんぐちてん
楽天地 博多駅新幹線口店

以有如一座小山的滿滿韭菜聞名的牛雜鍋專賣店。使用福岡縣產黑毛和牛牛雜與九州產蔬菜，開店以來即傳承下來的醬油湯頭讓人全身暖呼呼。第一次造訪的人可嘗嘗看附小菜的強棒麵吃到飽滿足全餐1990日圓。

☎092-441-7744 **MAP**附錄正面②F2
🏠福岡市博多区博多駅東2-2-27 2F 🚃JR博多站筑紫口步行5分 ⏰17:00～翌日0:00 ❌無休 💺100 🅿無

（ 今泉 ）

もつなべ いちふじ いまいずみほんてん
もつ鍋 一藤 今泉本店

牛雜每個步驟都是手工處理，入口即化的口感受到好評，是讓喜愛牛雜鍋的當地客們讚不絕口的實力派餐廳。單點菜色乃必吃美食，例如用每頭牛只能取得300g的稀有部位做成的醋牛雜（680日圓）等。

☎092-715-7733 **MAP**附錄正面③D3
🏠福岡市中央区今泉1-9-19今泉BuLaLa6F
🚃西鐵天神大牟田線西鐵福岡（天神）站南口步行5分 ⏰17:00～翌日1:00 ❌不定期 💺70 🅿無

1 牛雜鍋（味噌）1人份1350日圓。使用了3種味噌的湯頭，加入蔬菜和牛雜後更加美味 2 從靠窗桌位可眺望天神的夜景

1 採挑高設計的沉穩空間 2 田しゅう鍋1人份1512日圓。濃郁的辣味讓人食慾大增。最後可加入起司煮成燉飯

（ 大名 ）

たしゅう ふくおかだいみょうほんてん
田しゅう 福岡大名本店

老闆曾在知名牛雜鍋店拜師學藝過。這裡的牛雜鍋使用的是日本和牛小腸，有4種口味，其中最值得推薦的是用日本產味噌與韓國產辣味噌調合而成的田しゅう鍋。外帶組合3200日圓（限味噌、醬油味）也很有人氣。

☎092-725-5007 **MAP**附錄正面③C3
🏠福岡市中央区大名1-3-6フラップスビル1F 🚃西鐵天神大牟田線西鐵福岡（天神）站南口步行7分 ⏰17:00～翌日1:00 ❌不定期 💺53 🅿無

只要吃了這一盤就可成為博多通了。
深受當地人喜愛的鄉土美食就在這裡

許多人知道博多的各種知名美食，但不見得有聽過這些料理。
現在就透過這一盤當地人掛保證的美食，讓你從今天起也成為博多通。

COMMENTED BY 山下真澄 WRITER

藥院 ─────────────── 雞皮

とりかわすいきょう やくいんほんてん
とりかわ粋恭 薬院本店

「雞皮」也是受到當地人喜愛的食物。雞脖子的皮先以手工方式串起來，淋上特製醬汁後，再經過3天反覆燒烤，不但酥脆，還濃縮了好味道！大部分的人都會點5支以上。其他也有不少人氣菜色，如鹽燒豬腳320日圓。

☎092-731-1766 MAP附錄正面③C4
🏠福岡市中央区薬院1-11-15 🚇地下鐵七隈線薬院大通站2號出口步行3分 🕐17:00～翌日0:00 💤不定休 🪑70
🅿無

1 雞皮1支140日圓，是最棒的下酒菜。可斟酌加點一味辣粉 2 鴨燒（茄子串燒）1支210日圓。與自製的山葵醬油口味很搭 3 環繞著廚房的吧檯座

1 湯餃1人份756日圓。與煎餃及水餃迥異的美味口感2 另有和式座，很適合團體客

今泉 ─────────────── 湯餃

はかたたきぎょうざ いけさぶろう
博多炊き餃子 池三郎

湯餃算是餃子鍋的一種。把包著雞絞肉內餡的水餃放入以雞骨與豚骨製成的濁白湯汁煮成，是店家引以為傲的一道美食。滑溜且彈牙多水的餃子讓人欲罷不能，最後別忘了加入與湯汁最搭配的強棒麵做結尾。

☎092-739-7550 MAP附錄正面③D2
🏠福岡市中央区今泉1-10-15 🚇地下鐵七隈線天神南站1號出口步行3分 🕐18:00～翌日0:00 💤無休 🪑45 🅿無

警固 ——— 烤排骨

けごやきとん
警固ヤキトン

淋上密傳醬汁後，再用炭火一口氣燒烤而成的烤排骨。肉質柔軟又多汁，不僅咬勁十足且有炭燒香味，讓人一吃就愛上。又甜又辣的口味令人不知不覺多吃好幾碗飯，享受豪邁的感覺。

☎092-731-4518 MAP附錄正面③B3
🏠福岡市中央区警固2-14-5 🚇地下鐵機場線赤坂站2號出口步行6分 🕐11:30〜13:30、18:00〜23:30(中午營業僅限周六、日) 🈹週一 🪑12 🅿無

1 烤排骨1080日圓。先用香料蔬菜煮過再燒烤的烤豬腳（630日圓）也很受歡迎 2 庶民氣氛讓人輕鬆進入

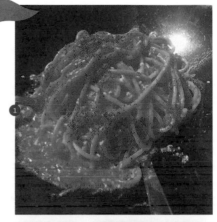

1 幾乎所有上門客人都會點的人氣餐點「ぺぺたま」 2 因為是知名餐廳，建議一開店便去排隊 3 餐廳內有軟體銀行鷹隊總會長王貞治的簽名

大手門 ——— ぺぺたま

ぱすたとぴざのみせらるきぃ
パスタとピザの店 らるきぃ

這是一家有許多藝人大大推薦的知名餐廳，連平日都得排隊。招牌菜「ぺぺたま」是加了鬆軟軟雞蛋的特製和風辣味香蒜辣椒義大利麵。可與特製辣油一起享用。

☎092-724-8185 MAP附錄正面②A2
🏠福岡市中央区大手門3-7-9 🚇地下鐵機場線大濠公園站2號出口步行4分 🕐11:00〜14:30LO、18:00〜21:30LO（週日、假日〜20:30LO） 🈹週三（逢假日則翌日休） 🪑42 🅿無

毫不客氣地再來一份
迷你尺寸的一口煎餃

有少量蒜泥的、脆皮的、外皮軟Q的…，博多的一口煎餃店各有不同的特色！
一次一口大小剛剛好，很適合多吃幾家比較看看喔。

COMMENTED BY 山下真澄 WRITER

1 滷雞翅300日圓 2 店內也有不少名人的簽名 3 煎餃8個500日圓。照片為5人份

祇園町

はかたぎおんてつなべ
博多祇園鉄なべ

用開幕以來使用至今的鐵鍋煎出酥脆多汁的煎餃，再配上自製柚子胡椒來提味。直接以鐵鍋上桌給客人，因此到最後都還能吃到熱騰騰的煎餃。滷到入味又軟嫩，一撥就開的雞翅也是不容錯過的一道美食。

☎092-291-0890 MAP附錄正面②E2 ♠福岡市博多区祇園町2-20 ‼地下鐵機場線祇園站5號出口步行3分 ●17:00～23:00LO 休週日、假日 座120 P無

博多站前

あさひけん えきまえほんてん
旭軒 駅前本店

從屋台起家的煎餃專賣店。在眾多的博多一口煎餃當中，又小上一號，香噴噴的煎餃外皮酥脆美味，讓人一吃就上癮，配上啤酒更是對味。多汁的內餡一共使用了14種食材，只加入少量蒜泥。煎餃10個350日圓。

☎092-451-7896 MAP附錄正面②E2 ♠福岡市博多区博多駅前2-15-22 ‼JR博多站博多口步行4分 ●15:00～翌0:30 休週日 座50 P無

1 煎餃。照片為2人份 2 口味清爽的醋牛雜240日圓 3 可外帶或宅配至外地

大名

せむじん だいみょうてん
テムジン 大名店

創業於昭和38年（1963）的人氣餐廳，擁有無數的老粉絲，現在於福岡市區一共有5家分店。內餡的最大特色是有70％的蔬菜，且牛肉不膩口。自製的煎餃皮很薄，口感軟Q美味。

☎092-751-5870 **MAP**附錄正面③C2
🏠福岡市中央区大名1-11-2 🚇地下鐵機場線祇園站5號出口步行3分 🕐17:00～翌日1:00（週六11:00～、週日、假日11:00～翌日0:00）休週二 🪑50 🅿無

1 煎餃10個480日圓。內餡含17種食材。照片為2人份 2 店內氣氛輕鬆舒適

1 餐廳位在中洲的錦小路。可外帶 2 煎餃10個660日圓。照片為2人份

中洲

ほううんてい なかすほんてん
宝雲亭 中洲本店

博多一口煎餃的發源店，起源為第一代老闆將在中國東北吃到的煎餃口味忠實再現。與中國當地口味一樣不加蒜泥，利用悶煎將表皮煎得酥脆，並帶出牛豬混合絞肉與蔬菜的好味道。

☎092-281-7452 **MAP**附錄正面③F1 🏠福岡市博多区中洲2-4-20 🚇地下鐵機場線中洲川端站1號出口步行5分 🕐17:30～翌日0:30（週日、假日～21:30）※售完打烊 休不定期 🪑26 🅿無

博多站南

はかたひとくちぎょうざ てっぱん
博多ひとくち餃子 テッパン

熱騰騰的脆皮煎餃盛在特製鐵板上，乃店家最招牌的美味料理。自製煎餃皮用的是福岡縣產小麥粉，包進混入香濃高湯的內餡。外脆內軟的炸豬腳（421日圓）也很有人氣。

☎092-481-4129 **MAP**附錄正面②F3 🏠福岡市博多区博多駅南2-9-39 🚇JR博多站筑紫口步行12分 🕐18:00～翌日3:00 休週一、第2週二 🪑28 🅿無

1 以特製沾醬品嘗炸豬腳 2 使用大量木材裝潢的溫馨店內 3 一口煎餃8個421日圓。照片為2人份

GOURMET GUIDE

令人驚豔的彈牙鮮度
在人氣餐廳大啖玄界灘的鮮魚

因為就位在玄界灘，福岡海鮮理所當然的既新鮮又便宜。
到當地人百分百信賴的人氣餐廳，品嘗活跳跳現撈的美味鮮魚。

COMMENTED BY 小田ひとみ WRITER

下川端町

いそぎよし しもかわばたてん

磯ぎよし 下川端店

**可品嘗到玄海灘的當季美味料理
以及受到最細心款待的人氣餐廳**

使用現撈上岸的新鮮海產做成各種豐富的料理，如
刺身及爐端燒等。刺身料理附上靜岡縣產山葵與膠
原蛋白膠質（限女性）、日本酒則以錫器盛裝，無
微不至的款待讓粉絲數量持續增加。有許多人是用
來招待商務客或來自外縣的客人。

☎092-281-6780 MAP 附錄正面②D1
🏠福岡市博多區下川端町1-333 🚇地下鐵
機場線中洲川端站7號出口步行3分🕐17:30
～翌日0:00 休不定期 席58 P無

SHOP DATA

1 特上刺身拼盤
（1～2人份）2980
日圓，約12種，由
主廚挑選 2 1F是吧
檯座與一般桌位、
2F是和式座位 3 吧
檯座前一整排都是當
日現撈的新鮮漁貨

今泉

たなかだしきかいせんしょくどう うおちゅう
田中田式海鮮食堂 魚忠

為了讓客人能輕鬆享用人氣店家「博多田中田」的美食而營業的餐廳。老闆特別注重魚的鮮度，1天進貨2次，新鮮程度沒話講。除了有使用帶皮鯛魚刺身做成的鯛魚茶泡飯等奢華的海鮮定食外，也有滿滿博多名產的博多膳1380日圓等，都是很受到初次造訪福岡的客人喜愛之定食。

☎092-732-9292 MAP附錄正面③C3
🏠福岡市中央区今泉1-18-26 🚇西鐵天神大牟田線西鐵福岡（天神）站南口步行5分 🕐11:30～22:30
🈳無休 🪑40 🅿無

1・3 鯛魚茶泡飯1280日圓（鯛魚加量1780日圓）。第1碗直接吃，第2碗品嘗茶泡飯滋味 2 日式時尚風格的餐廳充滿魅力 4 位在複合商業設施「季離宮」旁

港灣區

ふくおかかいせんさかば はかたはうす
福岡海鮮酒場 博多家
-HAKATA HOUSE-

這兒是福岡市漁協的直營餐廳，海鮮來自唐泊、玄海島、小呂島等地，可直接享用到各種美味海鮮的壽司（1盤110日圓～）與海鮮蓋飯。也有西班牙海鮮燉飯（2980日圓）等西式料理。餐廳另有販賣海產加工品。

☎092-406-8999 MAP附錄正面②A1
🏠福岡市中央区港3-1-75 🚌從博多巴士總站搭乘西鐵巴士68路25分，在港郵便局下車即到 🕐11:00～15:00、17:30～23:00 🈳週三 🪑80 🅿6輛

1 滿滿都是切塊鯛魚和紅甘魚（高體鰤）的海鮮蓋飯880日圓，有3種醬汁可選 2 一定要嘗嘗人氣的西班牙海鮮燉飯 3・4 餐廳內外都裝飾著漁具

(下川端町)

あら・ふぐりょうりたつみずし そうほんてん
あら・ふぐ料理たつみ寿司 総本店

展現職人傳統技術與品味的知名創意壽司餐廳。握壽司不沾醬油享用,而是配合海鮮食材使用嚴選的糸島岩鹽和當季柑橘來調味。這種嶄新又時尚的調理方式,讓不敢吃魚的人也成為忠實顧客。

☎092-263-1661 MAP附錄正面②D1
🏠福岡市博多區下川端町8-5 🚇地下鐵機場線中洲川端站7號出口步行3分 🕐11:00～22:00 🈶無休 🈳118 🅿無

1 使用當季海鮮製成的特上等綜合握壽司3900日圓 2 用利尻昆布將肥厚的醃漬鯖魚做成松前壽司,1個380日圓 3 店內除了吧檯座也有桌位及包廂

1 獨特的綜合刺身階梯拼盤1人份1300日圓(限2人份～、照片為2人份) 2 採用大量原木裝潢而成的自然風格 3 與濃厚醬汁很對味的芝麻鯖魚1080日圓～(時價)

(今泉)

はかたろばた・ふぃっしゅまん
博多炉端・魚男 FISH MAN

這是一家可吃到福岡市內漁港直送的新鮮海產之居酒屋。店內有如咖啡廳般時尚,不僅提供爐端料理,也有和洋混搭的各種美食。最受歡迎的是用特製餐盤盛裝的綜合刺身階梯拼盤。共有6種口味的醬油供享用是其魅力。

☎092-717-3571 MAP附錄正面③D3
🏠福岡市中央区今泉1-4-23 🚇地下鐵七隈線藥院站1號出口步行4分 🕐11:30～翌日1:00 🈶不定期 🈳61 🅿無

───三

(港灣區)

とくとく みなとほんてん

Toc-Toc 港本店

位在可望見博多灣的便利地點之海鮮居酒屋。選用的是來自附近長濱市場直送的活跳跳海鮮，料理種類很豐富。這兒的員工都是海鮮愛好者，詢問看看，說不定能吃到菜單上沒有的美味魚料理。

☎092-741-5232 MAP附錄正面②A1
🏠福岡市中央区港2-11-2 🚩地下鐵機場線大濠公園站4號出口步行10分 ⏰18:00～翌日1:00 休不定期 席55 P無

1 可品嘗到現撈新鮮海產的綜合刺身（8種海鮮）1人份1240日圓（照片為2人份）2 寬敞的店內有吧檯座位和下嵌式暖桌座位

(春吉)

きはる

きはる

這家餐廳的鯖魚新鮮程度讓人在福岡只要提到鯖魚，就一定會想到「きはる」。在五島列島外海捕獲的鯖魚直接送到店裡，當天就會提供給客人享用，而且還命名為「游泳鯖魚刺身」，因為新鮮到即便已做成生魚片了都還會抽動。

☎092-752-3312 MAP附錄正面③F1
🏠福岡市中央区春吉3-21-28春吉東福ビル2F 🚩地下鐵七隈線天神南站6號出口步行5分 ⏰18:00～翌日1:00※需訂位 休週日(遇連假則週一休) 席28 P無

1 游泳鯖魚刺身972日圓。富含油脂，非常彈牙 2 座位每天都被預約客訂滿（1個月前起接受訂位），可鎖定21時過後預訂

(博多站中央街)

しらすくじら はかたえきまえてん

しらすくじら 博多駅前店

在博多的上班族之間擁有廣大人氣，因為晚上無論吃飯或喝酒都平價到讓人大大滿足！當然海產是由市場直送的，新鮮程度也沒話講。中午便宜的午餐菜色豐富也讓人眉開眼笑。

☎092-433-7575 MAP附錄正面②F2
🏠福岡市博多区博多駅中央街1-1DEITOS ANNEX 2F 🚩直通JR博多站 ⏰11:00～翌日0:00 休無休 席約150 PJR博多城簽約停車場(收費※需洽詢)

1 使用了4種海鮮及鮭魚卵的魚市場醃漬蓋飯540日圓，讓人吃驚的便宜價位（平日午餐時段以外745日圓）2 福岡的人氣海鮮居酒屋「磯貝」的姐妹店

GOURMET GUIDE

讓博多的當地饕客也讚不絕口
誘惑人的肉、肉、肉世界

九州各縣皆有品牌牛，享用方式也多彩多姿。
各種豪華的肉品展現在眼前，讓人不禁興奮起來！

COMMENTED BY 小川ゆき WRITER

（藥院）牛 羊

わかぬい ちょっぷあんどすてーき ふくおか

WAKANUI CHOP&
STEAK FUKUOKA

繼牛・豬・雞之後的第4大驚喜！
被香醇濃厚的羊肉感動

以紐西蘭簽約牧場直接運送過來的牛肉與羊肉為主。人氣美食春羔羊是把出生6個月的小羔羊經過4週熟成後，再用2種木炭香烤而成的料理。肉質帶著淡淡奶香，近來愛上的饕客越來越多。

☎092-717-6685
MAP 附錄正面③D4 ▲福岡市中央区藥院1-1-1藥院ビジネスガーデン1F ❗西鐵天神大牟田線藥院站北口步行3分 ⏰11:30～15:00、17:30～23:00 休無休 席58 P無

其他人氣肉類料理
・牧草牛菲力（200g） 3300日圓～
・WAKANUI春羔羊
　帶骨里肌肉 2500日圓～
・OCEAN BEEF肋眼（200g） 3200日圓～
・中午簡餐 1200日圓～

WAKANUI 春羔羊 1 根 430 日圓

1 WAKANUI春羔羊帶骨里肌肉整塊4600日圓、1/2塊2500日圓。整塊下去燒烤，外表香氣四溢，裡頭為半熟多汁狀態 2 烤至5分熟的仔羊完全無羶味，很容易入口。搭配山葵等3種沾醬享用 3 被酒窖環繞的時尚餐廳

（住吉）牛

くまやすせいにくどう

熊泰精肉堂

由專家精挑細選的黑毛和牛
價格合理且點餐可從10g起跳

曾在精肉店及肉類市場工作過的老闆開了這家可以用餐的精肉店。使用的是熊本縣菊池牛，上等肉類可以從10g開始點餐，並選擇壽喜燒或涮涮鍋、燒肉等自己喜歡的調理方式享用。

日本產菲力牛排丼飯　980 日圓

其他人氣肉類料理
・黑毛和牛烤五花肉蓋飯 780日圓
・主廚全餐 1人3000日圓
・自選肉定食 肉類價格外加200日圓
・菊池牛沙朗肉10g 140日圓～
・菊池牛菲力10g 160日圓～

1 表面煎熟將肉汁鎖在裡面。淋上清爽的白蘿蔔泥醬油享用 2 可從玻璃櫃挑選喜愛的肉品

☎092-260-9629
MAP 附錄正面③G3 ▲福岡市博多区住吉3-9-18 ❗從博多站前A乘車處搭乘西鐵巴士15、58路10分，在住吉站下車步行3分 ⏰11:30～15:00（週五～日11:30～15:00、17:00～22:00） 休週三、第2週四 席8 P無

綜合肉類 2 人份 3240 日圓

1 可嘗到各種部位不同的口感，如大塊切片的牛舌與富含油脂的小腸等 2 牛有牛舌、小腸、無續豬五花肉等5種，每日都不一樣。厚厚切片吃起來更美味 3 店內只有吧檯座，可輕鬆享用其他人氣肉類料理

（渡邊通）牛 豬 雞

にくのかみなりばし

肉の雷橋

親切完善的吧檯式燒肉
一個人前來也很盡興

可用爐端燒方式輕鬆享用九州產牛肉與豬肉。為了讓客人品嘗不同的口感，特別將肉切成厚片並烤至恰到好處再盛給客人。共有16種烤蔬菜，點了肉品的客人還能享用沙拉吃到飽，愛吃蔬菜的人一定能吃得很滿足。

☎092-751-5577 MAP 附錄正面③E2
🏠福岡市中央区渡辺通5-24-37 2F 🚉地下鐵七隈線天神南站6號出口即到 🕐17:00～翌日0:00 休週日 座18 P無

其他人氣肉類料理

·牛雜飯	864日圓
·烤雞肝	540日圓
·牛舌刺身	1296日圓
·豬五花肉	540日圓

（高砂）牛 豬 雞 羊

ぷらちょれりあ るぽ

Bracioleria Lupo

經過熟成過程的熊本赤牛
更能嘗出牛肉原本的好滋味

炭燒「熊本赤牛」是把當地買回來的牛肉經過約2個月的熟成後，再用炭火慢烤，將肉汁鎖在裡頭，是一道廣受好評的料理。肉質鮮嫩讓人吃不出是紅肉，越咀嚼越美味。經過20天熟成的福岡縣產「赤村豬」也是不容錯過的極品。

☎092-523-6933
MAP 附錄正面②D3 🏠福岡市中央区高砂2-24-20 🚉西鐵天神大牟田線西鐵平尾站2號出口步行8分 🕐18:00～23:00 休週四 座14 P無

其他人氣肉類料理

·熊本赤牛紅酒燉小腿肉	2052日圓
·赤村豬肩里肌肉	1728日圓
·熟成肉之千層麵	1620日圓
·主廚全餐（需預約）	6480日圓

1 自製赤牛香腸 1200日圓。將赤牛多汁美味濃縮的香腸。最適合搭配紅酒 2 為了能吃出紅肉本身的美味，僅以胡椒鹽調味。搭配烤蔬菜的鮮甜 3 店內黑板上寫滿了各種料理

熊本赤牛腿肉等1944日圓～、
綜合烤蔬菜756日圓

在備受矚目的美食店家雲集的平尾
享受微成人的餐點 & 咖啡廳

搭乘西鐵從天神往南下2站,抵達的是有著成人氣氛的平尾地區。
這一帶可是擁有不少讓老饕們念念不忘的美食店呢!接下來要吃什麼呢?

COMMENTED BY 南条智美 STYLIST

(平尾)

めるもーぞ だ どろかわ
MELMOSO da Dorokawa

以魚類和蔬菜為主的義大利料理餐廳,追求
的是味覺和視覺都能得到享受的美食,獲得
不錯的評價。全餐料理5000日圓〜,也有
可輕鬆品嘗的調酒800日圓〜,是一間平常
也能輕鬆來消費的餐廳。

☎092-522-6232
MAP 附錄正面②D4 ▲福
岡市中央区平尾2-21-18
西鐵天神大牟田線西鐵
平尾站1號出口步行6分
⏰11:30〜14:30
(13:00LO)、18:00〜
23:00 休週一 席18 P無

1 全餐料理的前菜之一 2 店內採開放式廚房設計

(平尾)

にく ばる いちまるにーはち
NIKU バル 1028

在這裡可以品嘗到連福岡市內也很少見的福岡
縣黑毛和牛「筑穗牛」。肉質鮮嫩且帶有上等
的香甜氣味,奢侈十足的美食。

☎092-523-1028
MAP 附錄正面②D4
▲福岡市中央区平尾
2-2-25 西鐵天神大
牟田線西鐵平尾站1號
出口步行5分 ⏰12:00
〜14:30(週六、日〜
15:00);18:00〜翌日
0:00 休週二 席22
P無

1 店內有著隱密之家的氣氛 2 牛臀肉2592日圓(照片
前)、烤日本產鹽焗排骨1296日圓

（白金）

ちゃわんむし しもがま
茶わんむし 下釜

位在住宅區內的和風料理店。最有名的是茶碗蒸，一打開有田燒的陶碗蓋子，湯底與雞蛋的優雅香氣撲鼻而來。裡頭一共放入季節蔬菜和生麩等10種食材，軟綿綿又濃郁的口感非常美味。

☎092-791-4248 MAP 附錄正面②D3
🏠福岡市中央区白金1-6-23 🚉地下鐵七隈線藥院站2號出口步行5分
🕐11:30～15:00、17:00～翌日0:00 ㊡週日、假日 🪑30 🅿無

1 馬鈴薯燒酒じゃがたらお春1杯600日圓 2 茶碗蒸650日圓 3 舒適放鬆的和式空間

（白金）

しろがねさぼう
白金茶房

1F是被許多樹木環繞的時尚空間，從2F窗戶可望見美麗的庭園。只使用九州食材做成的鬆餅，有著漂亮的烤色，鬆軟的口感讓人欲罷不能。

☎092-534-2200 MAP 附錄正面②D3
🏠福岡市中央区白金1-11-7 🚉地下鐵七隈線藥院站2號出口步行7分 🕐10:00～23:00（週六8:00～、週日・假日8:00～22:00）㊡無休 🪑35 🅿2輛

1 融合了新與舊的餐廳空間 2 茶房特製的古典鬆餅750日圓

（平尾）

ぶっちゃー
BUTCHER

上等赤身肉先經過30天熟成，將美味完全鎖住後再下去煎烤的紐約式吃法十分受到歡迎，可充分嘗到牛肉本身的好滋味。有各種葡萄酒可搭配享用。

☎092-522-7769 MAP 附錄正面②D4
🏠福岡市中央区平尾4-4-16 🚉西鐵天神大牟田線西鐵平尾站1號出口步行6分 🕐11:30～14:00LO、18:00～22:00LO ㊡無休 🪑18 🅿3輛

牛肋排1磅（約450g）7344日圓

（市崎）

いつもいつも
イツモイツモ

提供熟食和茶飲，有如鬧區的百貨公司地下樓。除了蛋糕與烘焙類甜點，另有16種長條三明治麵包（限外帶），可與約90種的MLESNA曼斯納紅茶一起享用。

☎092-526-6386 MAP 附錄正面②D4
🏠福岡市南区市崎1-17-21 🚉西鐵天神大牟田線西鐵平尾站1號出口步行5分 🕐8:30～19:00（Tea Room 9:00～）㊡第4週三 🪑26 🅿6輛

1 歐式皇家奶茶 1080日圓、長條式三明治 190日圓～（限外帶）2 清爽明亮的品茶空間

GOURMET GUIDE

氣氛輕鬆的立飲店＆酒吧
也能喝到精釀啤酒

很有活力且愛說話的福岡人喜歡爽快熱鬧地聚在一起喝酒。
可以到立飲店輕鬆來上一杯，也能到酒吧享受精釀啤酒喔。

COMMENTED BY 山川ゆみ WRITER

博多站中央街

きゅうしゅうのさけとしょく はかた すみよししゅはん はかたでいとすてん

九州の酒と食 博多
住吉酒販 博多 DEITOS 店

**到店內最自豪的站立式吧檯
享受沉醉於九州銘酒的夜晚**

住吉酒販的姊妹店，店內陳列的都是前往酒
窖挑選而來的九州銘酒。店裡設有站立式吧
檯，會先發給客人數張花牌，再以不同的卡
片張數來兌換酒品小菜，最後以1張花牌
324日圓來結算消費總金額。

☎092-473-7941
MAP附錄正面②F2 🏠福岡市博多
區博多站中央街1-1JR博多城 DEI
TOS 1Fみやげもん市場內 ‼直通
JR博多站 🕗8:00～20:00 休無
休 席8 🅿JR博多城特約停車場
（收費※需洽詢）

SHOP DATA

1 用4面分別寫著日文片假名「イロハニ」的枡裝著4種
日本酒，需3張花牌972日圓 2 限定販賣的福岡酒、花
の露nonal 720ml 1728日圓，可包裝送禮 3 宮崎的ひで
じ啤酒1瓶330ml 476日圓～共6種 4 三原豆腐店的豆腐
甘納許巧克力1404日圓～不等

舞鶴

ばーる小野
ばーるおの

提供從日本各地蒐集而來的日本酒與燒酒等各種「和酒」，也有炸物串1支86日圓～及鮮魚料理的酒吧。不能錯過的是福岡大倉酒店的稀有精釀啤酒「博多DRAFT」！

☎092-726-6239　MAP附錄正面③B1
🏠福岡市中央区舞鶴1-3-11　🚉從博多巴士總站搭乘西鐵巴士32路17分、在舞鶴一丁目站下車即到　🕐17:00～翌日0:00　🚫週日(遇連假則營業、最後一天休息)　🪑15　🅿無

1 以黑色為基調的時尚酒吧 2 博多生啤酒各330ml 1058日圓。清爽口感的「Schön Alt」與帶苦味的黑啤酒「DAIKOKU」

大名

CRAFT BEER BRIM
くらふと びあ ぶりむ

擁有日本國內主要50家廠牌啤酒的啤酒吧。特別推出S（250ml）讓初嚐啤酒的客人嘗試各種不同的口味。豐盛美味的料理如牛排（1620日圓）等，也充滿吸引力。

☎092-725-3817　MAP附錄正面③B3
🏠福岡市中央区大名1-6-13バルビゾン95 1F　🚉地下鐵機場線赤坂站4號出口步行5分　🕐17:00～翌日1:00　🚫無休　🪑44　🅿無

1 大受啤酒新手好評的IPA啤酒600日圓～。可搭配適合大人的胡椒味馬鈴薯沙拉500日圓 2 吧檯後方陳列著冰啤酒機

1 充滿味道的吧檯 2 行家愛好的YONAYONA REAL ALE 284ml 650日圓～與Not PIZZA 1150日圓

高砂

BEER PADDY FUKUOKA
びあ ぱでい ふくおか

店內有許多日本國內外稀有的啤酒品牌，例如使用難得一見的幫浦式冰啤酒機之長野縣「YONA YONA ALE（愛爾啤酒）」，無論新客人還是老饕都聚集在此。用墨西哥薄餅包著碎雞肉做成的Not PIZZA等創作料理也很有人氣。

☎092-523-5023　MAP附錄正面③F4
🏠福岡市中央区高砂1-22-2アーク七番館3階　🚉西鐵天神大牟田線藥院站南口步行5分　🕐17:30～翌日1:00　🚫週日　🪑20　🅿無

GOURMET GUIDE

福岡人愛吃定食
美味又超值的定食店

福岡人很挑嘴，就算是便宜的定食店也絕不輕易將就。
在此告訴大家即便得排隊也一定要去吃的超值人氣店家。記得一開門就去搶先！

COMMENTED BY 町田あみ WRITER

警固

わっぱていしょくどう けごほんてん

わっぱ定食堂 警固本店

不分西式、日式，一共有25種的豐富菜
色。真不愧是人氣海鮮居酒屋「博多田中
田」之系列店，新鮮魚類都是當天進的貨，
而且使用越光米，食材品質廣受好評。白飯
吃到飽，自製醃菜和拌飯鬆都無限量提供。

☎092-781-3708 MAP 附錄正面③A3
🏠福岡市中央區警固2-10-12 🚌從博多巴士總站搭乘
西鐵巴士12、201路20分，在赤坂二丁目站下車即到
🕐11:30～22:30 休無休 席27 P無

1 豚汁定食890日圓，加了許多根莖類蔬菜，有媽媽的
味道。附烤魚、豆腐、小菜 2 木質裝潢的溫馨空間 3
隨時備有7種醃菜。全部都無限量提供

渡邊通

うめやまてっぺいしょくどう

梅山鉄平食堂

50種以上的定食當中，使用福岡近郊捕獲
的海鮮做成約40種的各式定食。配菜以日
式料理為主，有生魚片和煮物等，加上吃到
飽的白飯與無限量供應的「梅山拌飯鬆」
等，都很受到好評。第1碗可先配菜吃，第
2碗再加入拌飯鬆享用。

☎092-715-2344 MAP 附錄正面③E3
🏠福岡市中央區渡辺通3-6-1 🚇地下鐵七隈線渡邊通
站2號出口步行3分 🕐11:30～15:30、17:00～
22:30 休不定期 席26 P無

1 五島芝麻鯖魚定食為時價（採訪時880日圓）。油脂
豐富的鯖魚刺身淋上芝麻醬汁享用。另有販賣梅山拌飯
鬆450日圓 2 有如咖啡廳般的吧檯座 3 店內採日式白木
時尚風格

1 吧台上擺滿各種美食 2 燉鯛魚定食1380日圓。將所有的精華都濃縮至鯛魚頭,煮得很甘甜,非常下飯

天神

あじのまさふく てんじんこあてん

味の正福 天神 CORE 店

餐廳經營了約40年,已成為天神上班族們的好去處。學習過中西日式料理的主廚將客人們的建議化為各種菜色,如茄子味噌定食(800日圓)等約25種。

☎092-721-0464 MAP附錄正面③D1
🏠福岡市中央区天神1-11-11天神CORE地下1F 🍴地下鐵機場線天神站13號出口步行5分
🕐11:00~20:00 休週三、第1、3個週二 座20
🅿無

大名

といち あかさかてん

十一 赤坂店

菜色只有煎豬排定食一種。將細心挑筋過,再厚切成2cm以上的豬肉片煎成半熟狀態,然後抹上醬汁蒸烤成豬排,完全不油膩,肉質軟嫩到令人驚嘆。多加500日圓還能「加肉」。

☎092-711-7855 MAP附錄正面⑧B2
🏠福岡市中央区大名2-4-30西鉄赤坂ビル地下1F 🍴直通地下鐵機場線赤坂站4號出口 🕐11:00~15:00、17:00~21:00 休無休 座32 🅿無

1 煎豬排定食1000日圓。醬汁是生薑醬油,親喜好可加入山葵或辣味噌。白飯與味噌湯吃到飽 2 時髦的餐廳內部

1 平日中午也大排長龍 2 鯖魚一枚燒定食900日圓。筷子一夾油脂四溢。白飯吃到飽

天神

まこと

真

已經營40年之久,只以一道鯖魚的一枚燒定食來決勝負的人氣餐廳。精心挑選新鮮、油脂豐富、大小相同的鯖魚進貨,因此一整年都能維持一樣的好味道。

☎092-712-0201 MAP附錄正面②D2
🏠福岡市中央区天神1-15-3 🍴地下鐵機場線天神站16號出口即到 🕐11:00~13:30(鯖魚售完打烊)、17:00~22:30(週六僅中午營業) 休週日、假日 座44 🅿無

微風吹拂好舒服
前往有露臺座位的咖啡廳

無論用餐還是品茶，若能同時欣賞福岡街景是不是很棒呢。
在露臺座位規畫著接下來的旅遊，讓平淡的時間變得更優雅

COMMENTED BY 石橋由美子 EDITOR

(大濠公園)

ろいやる がーでん かふぇ

Royal Garden Café

眺望大濠公園美景的同時
享用當地的新鮮食材

為了響應環保，店內裝潢都是使用舊建材製
成的。從玻璃牆面的餐廳往外望去，福岡的
人氣景點大濠公園盡收眼底。可在面向湖邊
的露臺座位享受由當地新鮮食材做成的養生
美食。

☎092-406-4271
MAP 附錄正面②A2　🏠福岡市中央
区大濠公園1-3　🚇地下鐵機場線大
濠公園站3號出口步行6分
🕐11:00～22:00(週六、日、假日
8:00～、9～2月～21:30)　🈳無休
🪑144　🅿公園停車場103輛(2小時
210日圓、之後每30分160日圓)

SHOP DATA

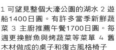

1 可望見整個大濠公園的湖水 2 遊
船1400日圓。有許多當季新鮮蔬
菜 3 主廚推薦午餐1700日圓。每
週更換鮮魚與烤蔬菜等菜單 4 舊
木材做成的桌子和復古風格椅子

1 綠意環繞著露臺座位 2 法式丹麥吐司1400日圓。搭配里考塔奶油更顯美味

天神

ざがーでん
THE GARDEN

位在天神鬧區被綠意環繞的餐廳。結合了法國、義大利、西班牙等環地中海料理以及親切的服務態度，讓人忘卻都會的嘈雜。

☎092-717-8778 MAP附錄正面③D2
🏠福岡市中央区天神2-4-5 🚃西鐵福岡(天神)站中央出口步行5分 🕐11:30～翌日0:00(酒吧17:00～翌日1:00)※週五、六～翌日2:00 🈺不定期 🪑81(吧檯座15) 🅿無

天神

うぉーたーさいと・おっとー
Water site OTTO

中午的豐盛午餐在商業區才見得到，很有人氣。晚上則是可眺望中洲河川風景的咖啡廳＆酒吧。

☎092-714-3308 MAP附錄正面②D1
🏠福岡市中央区天神1-16-1西鉄イン福岡1F 🚃地下鐵機場線天神站12號出口步行3分 🕐週一～三11:00～22:00LO，週四～六11:00～22:30LO，週日、假日11:00～20:30LO ※飲料LO在餐點LO的30分鐘後 🈺無休 🪑74 🅿無

1 手工漢堡肉午餐1180日圓（晚上單點1080日圓）。附飲料和甜點 2 即便冬季也能坐在這裡的露臺座位

1 兼具時尚及溫馨的餐廳 2 用鑄鐵鍋做成的日式拿坡里義大利麵中午842日圓、晚上972日圓。季節聖代864日圓

天神

かふぇ あんど ばー ろくよん びすとろ
Café and Bar 64 Bistro

露臺座位帶著濃濃的海外度假咖啡廳風格。除了環繞著挑高空間的露臺座位外，也有法國氣息的包廂。

☎092-739-0064 MAP附錄正面③D2
🏠福岡市中央区天神2-4-30天神M's64 SQUARE 3F 🚃西鐵天神大牟田線西鐵福岡(天神)站中央口步行5分 🕐午餐11:00～15:00，咖啡、酒吧15:00～翌日0:00，晚餐18:00～23:00(週五、六、假日前一天～翌日1:00) 🈺無休 🪑123 🅿無

GOURMET GUIDE

每天都想品嘗
擁有著名餐點的咖啡廳

軟呼呼的鬆餅、法國吐司以及蕎麥可麗餅♪
就算須要排隊也絕對不會後悔的各餐廳美食

COMMENTED BY 門田早和子 WRITER

（警固）

しろうず こーひー けご

SHIROUZU COFFEE 警固

香濃的咖啡與軟綿綿的鬆餅
讓人無法自拔

為了讓客人能品嘗咖啡豆的酸味與香氣，老闆每天都會精選出最特別的咖啡。可搭配使用了大量水果與糸島產雞蛋做成的鬆餅一起品嘗。法國吐司680日圓也很受歡迎。

☎092-753-7714
MAP 附錄正面③A3　🏠福岡市中央区警固2-15-10　🚌從博多巴士總站搭乘西鐵巴士56、113路16分，在警固二丁目站下車步行3分　🕐8:00～19:00LO（週五・六～翌日0:00）　休不定期　席22　P無

SHOP DATA

1 牆壁一整面都畫滿魚圖案的藝術空間 2 巧克力與綜合水果880日圓（附飲料1180日圓）。鬆餅一共8種 3 咖啡是用虹吸式咖啡壺慢慢沖煮而成的 4 醒目的魚看板

1 給人舒適印象的餐廳 2 夾了培根與鮭魚的班尼迪克蛋三明治2052日圓，雞蛋很鬆軟

(大名)

あいぽりっしゅ

Ivorish

把法國吐司專用的麵包沾上蛋液後，煎成熱呼呼軟綿綿的口感。除了基本的甜點系列外，另有15種非常豐盛的正餐類美食，隨著季節不同也會有限定餐點。

☎092-791-2295 MAP附錄正面③C2
🏠福岡市中央区大名2-1-44 🚃地下鐵機場線天神站2號出口步行3分 🕙10:00～22:00 🈺第1、3週二(遇假日照常營業) 🪑38(吧檯座5) 🅿無

(今泉)

る・ぷるとん

Le BRETON

可品嘗到曾赴法國布列塔尼地區學習過的老闆所做之蕎麥可麗餅與各種可麗餅。販賣區有豐富的丹麥麵包系列商品，如法式可頌（1個200日圓）等，也有販賣鹹派（一塊520日圓）以及當季果醬（210g890日圓）～等。

☎092-716-9233 MAP附錄正面③C3
🏠福岡市中央区今泉2-1-65 🚃地下鐵七隈線藥院站1號出口步行8分 🕙11:00～23:00 🈺不定期 🪑30 🅿無

1 雞蛋火腿起司之蕎麥可麗餅840日圓。水果塔（右後圖）300日圓、新橋塔320日圓 2 也有法國甜點

也有以甜點自豪的Bar♪

1 店內只有吧檯座 2 現烤舒芙蕾乳酪蛋糕1200日圓要趁塌陷前熱騰騰地享用。單杯葡萄酒950日圓～

(高砂)

つもん

tsumons

可同時品嘗葡萄酒與甜點的新風格酒吧。知名的舒芙蕾乳酪蛋糕香味濃厚，送進嘴巴一下子就溶化開來。可請身兼品酒師及主廚的老闆挑選適合搭配每日甜點的葡萄酒，好好享受一下新鮮的美味組合。

☎092-791-8511 MAP附錄正面③F4
🏠福岡市中央区高砂1-21-3 🚃地下鐵七隈線渡邊通站1號出口步行6分 💰採小費制(18:00～) 🕙16:00～翌日0:00(甜點售完打烊) 🈺週日 🪑9 🅿無

到知名甜點店
外帶幸福甜點

每次只要覺得累了，一定會到這家店來買甜點。
奢華的甜味讓身心都得到完全釋放 ♥ 這就是我的活力來源。

COMMENTED BY　町田ユズ　WRITER

1 達克瓦茲2個399日圓 2 黑醋栗慕斯（410日圓）有著100％黑醋栗風味 3 人氣商品歐貝拉蛋糕356日圓 4 1F是販賣店面，2F為品茶及享用甜點的空間

（ 藥院 ）

ふらんすがし じゅうろっく
フランス菓子 16 区

以「達克瓦茲」研發者聞名的三嶋隆夫主廚所經營之甜點店。有許多以傳統製法及食材製成的法式甜點。

☎092-531-3011
MAP附錄正面②C3　▲福岡市中央區藥院4-20-10　🚇地下鐵七隈線藥院大通站2號出口步行4分
🕘9:00〜20:00（喫茶10:00〜19:30）　😴週一（逢假日則翌日休）
🪑10 🅿14輛

1 香草球6個190日圓 2 麻花酥捲(肉桂)150日圓 3 可可巴芮巧克力甜甜圈230日圓 4 讓人忍不住想走進去的可愛店面

（ 博多站前 ）

けんじーず どーなつ はかた
Canezees Doughnut HAKATA

麵包所使用的小麥粉100％來自福岡縣產。油炸時使用的是米油；砂糖則是選擇黑糖，並且完全不添加乳瑪琳、人造酥油、雞蛋。口感Q彈、味道溫潤非常有人氣。

☎092-474-2259
MAP附錄正面②E2　▲福岡市博多區博多駅前4-15-10 1F　🚇JR博多站博多口步行6分　🕘9:00〜20:00　😴週一（逢假日則翌日休）
🪑11 🅿無

對符合甜點店外帶幸福甜點

1 口感非常濃厚的起司塔180日圓 2 草莓蛋糕1個380日圓 3 玻璃冷藏櫃裡約有50種蛋糕

(今泉)

うぃざゔぃ いまいずみてん

VISAVIS 今泉店

堅持使用九州產食材的蛋糕店，可開心品嘗用當季水果製成的各種甜點。店內設有飲食休憩區，來天神逛街可到這兒休憩。

☎092-737-2177
MAP附錄正面③C3 🏠福岡市中央区今泉2-5-25熊谷ビル1F ‼西鐵天神大牟田線西鐵福岡（天神）南口步行3分 🕐11:00～23:00（週日、假日～22:00）休無休 席14 P無

(淨水通)

かかおろまんす

Cacao Romance

以歐洲傳統做法製作巧克力的九州第一家手工巧克力專賣店。冷藏玻璃櫃內陳列了約50種果仁夾心巧克力以及7種巧克力蛋糕。也有使用九州特產製成的商品。

☎092-524-1288
MAP附錄正面②C4 🏠福岡市中央区淨水通5-12 ‼從博多巴士總站搭乘西鐵巴士56路27分，在教會前站下車即到 🕐10:00～19:00 休無休 席16 P3輛

1 也有喫茶區 2 AMBRA牛奶巧克力塔1400日圓 3 九州產3種類9個入1870日圓，乃與九州特產日本酒・抹茶・燒酒結合的獨家巧克力商品

1 馬卡龍5個1029日圓。最受歡迎的是鹽焦糖口味 2 費南雪1個151日圓 3 冷藏玻璃櫃裡擺滿色彩繽紛的馬卡龍

(千代)

あるでゅーる ほんてん

ARDEUR 本店

讓馬卡龍在博多發揚光大的甜點店就位在這兒。使用當季食材並配合打發的蛋白霜烤成的清爽酥軟口感非常美味。另外還有加上滿滿奶油的費南雪與馬德蓮蛋糕（1個151日圓）等，都是細心做成的烘焙糕點。

☎092-982-7216
MAP附錄正面①C2 🏠福岡市博多区千代4-29-30 ‼地下鐵箱崎線馬出九大病院前站1號出口步行5分 🕐10:00～20:00 休週日 P1輛

前往廣受注目
必排隊的麵包店

福岡其實有許多美味的麵包店。以下偷偷介紹的是
連不愛排隊的福岡美食女孩寧願排隊也都要買到手的大人氣店家！

COMMENTED BY 大橋一美 WRITER

箱崎

ぱんすとっく

Painstock

名店精選食材烘烤而成的傑作麵包

每天從一開門就大排長龍到打烊的人氣麵包店。使用
的是老闆親自到農家採購回來的精選日本國產小麥
粉，連美乃滋及糖煮水果都是手工製作，以如此的嚴
謹態度烘焙出來的麵包約有70種。熱銷的「明太子法
國麵包」最好在15時30分過後先打電話預訂。

1 店內有如精品店 2 15時
30分過後出爐的週六、
日、假日限定之軟法麵包
320日圓 3·4 奶油滿滿的明
太子法國麵包330日圓 5 有
機肉桂捲200日圓 6 石頭壘
砌而成的外觀很醒目

☎092-631-5007
MAP 附錄正面①C2
🏠福岡市東區箱崎6-7-6
🍴JR箱崎站西口步行10分
🕙10:00～19:00 休週一，
第1、3週二 ℗18輛

1 柳橙吐司2片180日圓 2 人氣NO.1的方形吐司半條350日圓 3 每天限定數量的B.O.C吐司半條500日圓 4 出爐時間會公佈在推特上

ぱんや むつかどう

パン屋 むつか堂

堅持不使用任何防腐劑的麵包專賣店，做出來的吐司連吐司邊都很好吃。剛出爐的吐司軟綿綿且蓬鬆、帶有香氣與甜味，店員建議可買半條直接用手撕來吃最美味。

☎092-726-6079
MAP附錄正面③C4 福岡市中央區藥院2-15-2ルミエール藥院1F 地下鐵七隈線藥院大通站1號出口即到 10:00〜20:00(售完打烊) 週日 無

どむす ふぉかっちゃ ばー

DOMUS FOOACCIA BAR

可讓客人在有如屋台歡樂氣氛下品嘗義大利佛卡夏麵包的餐廳。使用健康食材做成義式的薄麵包最適合搭配生火腿片和起司一起享用。

☎092-753-7795
MAP附錄正面③C2 福岡市中央区今泉1-19-18 西鐵天神大牟田線西鐵福岡(天神)站南口步行5分 18:00〜翌日2:00 不定期 約50(含站立式座位) 無

1 可手持葡萄酒享受放鬆的空間。會不定期舉辦表演 2 莫札瑞拉起司佐番茄佛卡夏500日圓 3 Stracchino起司與茄子烤佛卡夏500日圓

しろや いっぴんどおりてん

シロヤ いっぴん通り店

北九州市最具代表性的昭和懷舊地方美食終於進駐福岡。每逢週六、日排隊購買的人潮長達10m，非常有人氣。所有的麵包都很平價，最受歡迎的煉乳餐包每天能賣上4000個。

☎092-409-2682 MAP附錄正面②F2 福岡市博多区博多駅中央街1-1JR博多城1F いっぴん通り內 直通JR博多站 8:00〜22:00 無休 JR博多城特約停車場(收費)

1 內含鮮奶油的鬆軟夾心麵包5個200日圓 2 包了口感滑順的煉乳餐包3個280日圓 3 位在JR博多站內的「いっぴん通り」

將旅行 One Scene 融入生活

我的明太子

博多最具代表性的伴手禮不用說就是「明太子」。隨著店家不同，味道與口感竟然也完全不一樣，種類非常豐富。我們向喜愛明太子的博多女孩們詢問了香味與辣度、大小等，以下是她們最推薦的「我的明太子」！你所推薦的明太子是哪一種呢？

獨創
辣味明太子
80g～1080日圓～

北海道產的鱈魚子雖然顆粒小，但粒粒分明。為了彰顯鱈魚子的新鮮與高品質，選擇使用較清淡的調味料。

辣度指數

溫和　　　　辣
├─┼─◆─┼─┼─┤
　1　2　3　4　5

人氣 NO.1

高品質的食材與簡單的調味方式做出來的島本明太子堪稱美味絕品

北海道產阿拉斯加鱈魚捕撈後便立即加工成商品，鱈魚的美味完全不一樣！加工當天便能享用的預約訂製之「現做辣味明太子」240g 3240日圓，買來送禮的話，對方一定會很高興。

我的特別推薦！

OL **柴山洋子** 小姐
在鮮魚眾多的長濱市場旁長大的道地博多人。明太子是餐桌上的必備家常菜

把明太子推廣到全日本的功勞者
只要提到博多明太子就會想到ふくや

非常知名的品牌，也是福岡最早販賣明太子的店，我們家從奶奶那一代開始就在這裡購買。就算曾經買過別家的商品，最後還是會回到這兒。也常購買方便的軟瓶式包裝「tubu tube（→P91）」。

人氣 NO.1

味の明太子
標準 120g～
1080日圓～

卵顆粒偏大，辣味與甜味配合得恰到好處，很適合搭配各種料理。另有辣度較低的「溫和」口味。

辣度指數

溫和　　　　辣
├─┼─┼─┼─┼─┤
　1　2　3　4　5

我的特別推薦！

OL **宮脇悠** 小姐
愛吃米飯的我最推薦的是明太子。比起辣味我較偏愛溫和口味。若要送禮，我一定選擇明太子。

SHOP DATA

しまもと はかたはんきゅうてん
島本　博多阪急店

☎0120-44-9966(代表) **MAP**附錄正面②F2
🏠福岡市博多區博多駅中央街1-1博多阪急地下1F
🕐10:00～21:00 **公**無休 **P**JR博多城簽約停車場(收費＆需洽詢) ※另有博多站前店、新宮店。官網http://www.hakatamentai.jp/

ふくや なかすほんてん
ふくや 中洲本店

☎092-261-2981 **MAP**附錄正面③F1
🏠福岡市博多區中洲2-6-10 🚇地下鐵機場線中洲川端站4號出口步行5分 🕐8:00～翌0:00(週日、假日9:00～19:00) **公**無休 ※另有博多DEITOS店、天神地下街店。官網http://www.fukuya.com/

くばらほんけ しぼうあん ふくおかてんじんいわたやてん
久原本家 椒房庵 福岡天神岩田屋店

☎092-721-1111(代表) **MAP**附錄正面③D2
🏠福岡市中央區天神2-5-35岩田屋本店本館地下1F🚇地下鐵機場線天神站5號出口步行3分🕐10:00～20:00**公**無休(1月1日除外) **P**岩田屋本店簽約停車場(收費＆需洽詢) ※另有博多站DEITOS店、久原本家 總本店。官網http://www.k-shop.co.jp/

久原本家 椒房庵講究調味料
因此才能擁有好味道

我很喜歡鱈魚子原本的美味與纖細的口感。「久原本家」是一家有120年以上歷史的調味料老店，正因為已經是調味料專家，才能擁有如此讓人信服的美味。

我的特別推薦！

家庭主婦
白水榮子 太太

我結婚後從東京搬來此居住。深深愛上明太子，現正多方比較尋找美味中

無着色辛子釣り子明太子
200g3240日圓

一條一條用釣竿釣上來的阿拉斯加鱈魚立刻送去加工。新鮮光澤的明太子口感很溫和。

辣度指數

溫和 ---|---|-●-|---|--- 辣
　　1　2　3　4　5

かねふく的特大尺寸明太子
令人驚訝

由於是海產加工公司，從原料到熟成全都自己來，產品令人安心。而且精心挑選顆粒分明的鱈魚子，吃起來口感特別好。

我的特別推薦！

OL
福留舞 小姐

我特別喜歡口感佳的大顆粒明太子，也擅長使用明太子做料理

ふとっぱら辛子明太子
分裝包（附熟成調味醬）
700ｇ4980日圓

用濃郁的調味醬醃漬入味的完美逸品。比一般明太子要大上1.5倍，一份六入裝，十分划算。

辣度指數

溫和 ---|---|---|-●-|--- 辣
　　1　2　3　4　5

優雅且清爽的柚子香氣是
やまや的魅力所在

調味是用羅臼昆布和香醇的福岡地酒做成的，且製作期間不間斷補充調味料，因此不膩口還帶著濃厚的辣味，讓人不禁白飯一碗接一碗。淡雅的柚子香氣很爽口喔！

我的特別推薦！

OL
古澤ゆかり 小姐

土生土長的道地博多人。全家都是「やまや」的粉絲

美味博多織無着色
辛子明太子 210ｇ1944日圓

泡在調味醬經過168小時醃漬熟成的美味一品。附加的調味醬「匠のたれ」也可使用在其他料理上。

辣度指數

溫和 ---|---|-●-|---|--- 辣
　　1　2　3　4　5

料亭 稚加榮美味又高雅的
辣味擄獲人心

在這家日本料理吃過後就深深愛上了。最近熱賣商品是人氣NO.1的「辛口辛子明太子」，不僅辣度十足且留住美味，真是實至名歸。

我的特別推薦！

OL
立石美樹 小姐

我非常愛喝日本酒，每晚一定要配明太子來上一杯。完全無法抵擋辣的食物

辛口辛子明太子
128ｇ1728日圓、
280ｇ3780日圓（照片上）

把北海道產的鱈魚子用鹿兒島縣・枕崎產柴魚、地酒、以及辣椒中最辣之「本鷹爪」加以醃製而成的美味。

辣度指數

溫和 ---|---|---|---|-●- 辣
　　1　2　3　4　5

SHOP DATA

かねふくはかたこうじょうちょくばいてん
かねふく博多工場直売店

☎0120-813-029（代表）　MAP 附錄正面①C2
🏠福岡市東區東浜1-5-17　🚃地下鐵箱崎線箱崎宮前站1號出口步行15分　🕙10:00～18:00　無休　🅿2輛　※另有青葉直売店。官網https://www.kanefuku.co.jp/index.htm

やまや はかたえきまいんぐてん
やまや 博多站MING店

☎092-432-9081　MAP 附錄正面②F2
🏠福岡市博多區博多駅中央街1-1博多ステーショビル名店街MING 1F　🚃直通JR博多站直通　🕙9:00～21:00　無休　🅿JR博多城特約停車場（收費&需洽詢）　※博多站、福岡機場也有分店。官網http://www.shokutu.com/

ちかえほんぽ
稚加榮本舖

☎0120-174487（代表）　MAP 附錄正面③B2
●詳細資料請參照P110　※另有福岡機場店、博多站DEITOS店。官網https://chikae.co.jp

擁有許多九州商品的
人氣生活型態雜貨店

九州生產的日用雜貨具有機能性與設計性
到處都是溫馨又舒適、讓日常生活充滿樂趣的商品

COMMENTED BY　小原かおり　WRITER

1 精選耐用持久的商品 2 鹿兒島睦廚房毛巾2808日圓 3 TOMONO COFFEE（HOUSE BLEND）150g864日圓 4 小石原POTTERY湯碗2700日圓 5 ateliers PENELOPE Cylinder Bag圓底包（左）7020日圓、Square Bag方底包4104日圓 6 藍色遮陽棚很醒目

（ 藥院 ）

すりーびー　ぽったーず

B・B・B POTTERS

提供每天生活不可或缺的用品

開幕25年，引領著福岡生活型態雜貨店鋪走向的人氣店家。明亮的空間裡擺滿了充滿機能性與方便性的各種精選生活日用商品，不僅實用且平價。附設咖啡廳，旁邊緊鄰著業務用餐具專賣店食の專門店BBB＆。

☎092-739-2080　MAP 附錄正面③D4
🏠福岡市中央区薬院1-8-8　🚇地下鐵七隈線薬院大通站1號出口步行5分
🕐11:00~20:00（咖啡廳11:30~）
🈂不定休　🅿3輛

赤坂
こうげいふうこう

工藝風向

越用越順手的日用工藝品

與欅木街道融合為一的優美店鋪。店內擺滿來自九州年輕工藝家的陶瓷器、玻璃、漆器、染織物等，都是讓生活充滿樂趣且越用越有味道的工藝品。來到這兒說不定能找到可使用一輩子、讓日常生活更加美好的優質商品。

1・7 讓人忘卻時光的幽靜空間 2 森永豐（鹿兒島）之黃綠色玻璃杯3024日圓 3 石川昌浩（岡山）網目玻璃杯（中）2700日圓 4 小代燒麓窯井上尚之（熊本）5吋鉢1728日圓 5 小鹿田燒坂本創（大分）三彩8吋皿4104日圓 6 讀古山燒北窯（沖繩）8吋皿5400日圓

☎092-716-5173 MAP附錄正面②B3
🏠福岡市中央区赤坂2-6-27 🚌從博多巴士總站搭乘西鐵巴士12、113、114、201、203路約17分，在赤坂三丁目站下車即到 🕚11:00～19:30 休週一（逢假日則翌日休）P2輛

（ 天神 ）

しとらす
citruss

提供九州的優質產品及精釀啤酒。乃由
Landscape Products所規劃營運的畫廊精品
店，有許多讓人心動的商品。

☎092-235-7483
MAP 附錄正面③D1　福岡市中央区
天神2-9-18福岡ＰＡＲＣＯ新館５F
直通地下鐵機場線天神站7號出
口　10:00～20:30　不定休
福岡PARCO簽約停車場（收費
※需洽詢）

1 有許多賞心悅目的商
品 2 AKIHIRO WOOD
WORKS（鹿兒島）
JIN木杯S size7020日圓
3 麻こころ茶屋（熊本）
HERBAL SYRUP 370ml
1836日圓 4 創作竹芸とみ
なが（鹿兒島）三明治
籠5400日圓 5 CHIN
JUKAN POTTERY（鹿
兒島）高腳杯6685日圓

1 德國HAZET手提工具籃3024日圓 2 墨西哥吊椅
14040日圓 3 CANSTOOL 8640日圓～ 4 位在福岡
縣立美術館旁

（ 天神 ）

すたんだーど まにゅある
STANDARD MANUAL

店內有許多以男性眼光所精選的日常必
需品。從戶外用品、園藝工具到軍用雜
貨等，都是簡潔、高機能，且設計性十
足的優質商品，最適合買來送給男性友
人。

☎092-791-1919　MAP 附錄正面②C1
福岡市中央区天神5-1-15　地下鐵機場線天
神站16號出口步行10分　11:00～19:00　
週一　無

（ 大手門 ）

りんで かるとなーじゅ
Linde CARTONNAGE

這裡是一家有許多外國信紙的紙類專賣店。信
套組上面可以印製名字及喜愛的字句，當天就
能完成。也可訂製名片，100張9720日圓，下
單後約1週完工。

☎092-725-7745
MAP 附錄正面②A2　福岡市中央
区大手門1-8-11サンフルノビル2F
地下鐵機場線大濠公園站5號出
口步行3分　11:00～20:00　
週三　無

1 帶著異國氣息的空間 2 獨家信套組3888日
圓（外加1080日圓可印字） 3 威尼斯玻璃筆
8640日圓 4 義大利IL PAPIRO信套組5786日
圓

1 福岡鮮奶油花林糖50g 400日圓 2 151E特製和紙包裝福岡八女茶100g 1512日圓 3 抹茶燕麥片180g 1360日圓 4 店內瀰漫著一股綠茶香氣

警固

いちごいちえ

151E

販賣由日本茶鑑定士嚴選出來的九州7縣茶葉與甜點、茶具之專賣店。店內所有茶葉都可以試喝,來到這兒想必可找到屬於自己香味的茶葉種類。好好地品嘗一下九州大地所孕育出來的各種獨特風味的好喝綠茶吧。

☎092-982-0826 [MAP]附錄正面③C3
🏠福岡市中央区警固1-15-51 🚇西鐵天神大牟田線西鐵福岡(天神)站南口步行10分 🕐11:30~19:30 🈺週二(逢假日則營業) 🅿無

警固

ふくおかせいかつどうぐてん

福岡生活道具店

由產品設計師及網頁設計師等3位男性一起經營的店鋪。販賣的都是來自九州精選的生活工具,還會為客人生動地解說商品的相關資訊與使用方式。

☎092 688 8213
[MAP]附錄正面③C3 🏠福岡市中央区警固1-5-28SKビルⅢ2F 🚇地下鐵七隈線藥院大通站1號出口步行10分 🕐10:00~19:00 🈺週二~週四 🅿無

1 有許多方便使用且充滿個性的商品 2 增田桐箱店kirihaco米櫃3kg 5400日圓 3 224porcelain 咖啡濾杯肥前吉田燒3780日圓 4 瑞穗菊酒造五穀豐穰本釀造酒1800ml 2484日圓

1·2 蝴蝶領結15660日圓、12420日圓 3 在天神釀造的蜂蜜TENJIN180g 2700日圓 4 伊朗古手織地毯、長毛地毯、遊牧民族地毯62640日圓~ 5 挑高4.5m的寬敞空間

藥院

ねすと

NEST

有許多設計師與收藏家都是粉絲,主要銷售可長久使用的北歐古董家具。商品多半只有一個,若喜歡就要當場下訂!也能向店家請教有關空間擺設的技巧。

☎092-725-5550 [MAP]附錄正面③C4
🏠福岡市中央区藥院2-13-27 🚇地下鐵七隈線藥院大通站1號出口步行5分 🕐11:00~20:00 🈺不定期 🅿無

穿梭在巷弄之間
到今泉・藥院購物

這個地區雖然位在鬧區，但卻洋溢著一股令人懷念的氣氛。
來到這個容易迷路的巷弄間，尋找令人驚豔的商品和商店吧。

COMMENTED BY 宇都宮リサ WRITER

小巷弄裡頭到處都是充滿特色的商店

いまいずみ・やくいん
今泉・藥院

是這樣的地方

從天神步行前往
充滿魅力的小巷弄地區

天神的南邊緊鄰著今泉・藥院地區。只要從繁華的大街轉入小巷子裡，就會發現交錯的小巷弄中有許多充滿特色的商店。用傳統工藝做成的時尚飾品等，來到這兒一定能找到可增添旅遊美好回憶的物品。

☎092-751-6904(福岡市觀光服務處)
MAP 附錄正面③D2、E4 ♥從博多站搭乘地下鐵機場線5分在天神站下車，步行10分到天神南站轉乘地下鐵七隈線3分到藥院站，4分到藥院大通站下車

Start

地下鐵天神南站

がっしゅ
Gouache

這裡是一家提供優質生活的複合品牌店，以天然素材製成，有成人日常生活服飾及陶器、雜貨等。獨家的久留米絣布裙子是不分年齡的人氣商品。

1 存摺口金包1404日圓～ 2 久留米絣裙子17280日圓 3 在巷弄間也很醒目的白色外觀

☎092-791-7555
MAP 附錄正面③C3 ♠福岡市中央区今泉1-19-8 ♥地下鐵七隈線天神南站1號出口步行8分
◐11:00～20:00 休無休 Ｐ無

今泉小路 日和日
いまいずみこうじ ひよりび

將70年歷史的古老民宅加以改裝而成的咖啡廳，復古的外觀很吸引人。午餐是以九州食材為主的日式御膳，晚餐則可品嘗到賞心悅目的日式與西式創作料理。

1 義式柚子冰淇淋與水果之和菓子最中500日圓、有機栽培茶450日圓 2 隨時備有八女與知覽等茶產地的茶葉

☎092-791-4651 MAP附錄正面③C3
🏠福岡市中央区今泉2-4-6 !!地下鐵七隈線藥院大通站1號出口步行5分 ●11:00～15:00、18:00～翌日1:00(週六、日、假日11:00～翌日1:00) 休週一、第3週日(隔日週一營業) 席30 P無

1 SPECIAL BLEND 300ml 1674日圓(左)、With ORANGE 300ml 2052日圓

OLIO SANTO
おりおさんと

綠色看板很醒目又可愛。店內有許多可食用與飲用，以及美容用等各種橄欖油。買來送人應該會讓對方很開心。

☎092-524-5002 MAP附錄正面③C4
🏠福岡市中央区藥院1-11-3 !!地下鐵七隈線藥院大通站2號出口即到 ●10:30～19:00 休週日 P無

1

ONLYONE
おんりーわん

將麵包以獨家方式製成麵包脆餅的專賣店。有砂糖系列、下酒系列，甚至視不同季節推出的限定口味。

1 左起法式砂糖151日圓、草莓牛奶、明太子美乃滋各238日圓

☎092-406-8897 MAP附錄正面②C3 🏠福岡市中央区藥院4-8-13 !!地下鐵七隈線藥院大通站2號出口步行3分 ●10:00～19:00 休無休 P無

1

eel
いーる

專門販賣從英國與法國、荷蘭等地進口的古董家具及雜貨。若是發現已停產的英國品牌「HORNSEA」，可得趕緊購買。

1 照片前起HORNSEA馬克杯8500日圓、9720日圓、HORNSEA奶精杯2160日圓

☎092-406-8035 MAP附錄正面②D4 🏠福岡市中央区藥院1-7-12 !!地下鐵七隈線藥院站1號出口步行5分 ●11:00～19:00 休週三 P無

Goal → 地下鐵藥院站

藥院 Malche
やくいんまるしぇ

店裡隨時備宵40種以上的麵包種類，好讓客人每天都能吃得到麵包。在咖啡區內用時所提供的是知名的黑烤麵包。

1 核桃麵包360日圓與法式圓麵包160日圓、杏仁牛角麵包270日圓等 2 隨時都有現烤麵包

☎092-732-5553 MAP附錄正面③E4
🏠福岡市中央区渡辺通2-6-20 !!地下鐵七隈線藥院站1號出口即到 ●7:30～23:00(週日僅販賣麵包～18:00) 休週一 席25 P無

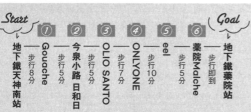

Start → 地下鐵天神南站 → 步行8分 ① Gouache → 步行5分 ② 今泉小路 日和日 → 步行5分 ③ OLIO SANTO → 步行5分 ④ ONLYONE → 步行7分 ⑤ eel → 步行10分 ⑥ 藥院Malche → 步行即到 Goal → 地下鐵藥院站

湖水和綠意讓人神清氣爽
悠閒漫步在大濠公園～大手門

恢意地走在有如福岡中央公園的大濠公園，
沿路到大手門一帶的特色商店購物。這就是我所推薦的散步路徑。

COMMENTED BY 大川アカリ WRITER

湖水和綠意融合在一起的大濠公園。繞一圈約
2km的遊步道在福岡很受到慢跑者喜愛

おおほりこうえん・おおてもん
大濠公園・大手門

是這樣的
地方

位在福岡市中心
充滿綠意的綠洲

大濠公園是將黑田長政建造的福岡城外濠重新
造園而完成的，乃一處優雅的大都會綠洲。可
沿著環繞湖水一圈約2km的遊步道散步，也可
搭乘小舟遊湖聽聞鳥語，或到咖啡廳喝茶，享
受愉悅的時光。大手門一帶有許多時尚、雜貨
和餐飲店等充滿特色的商店。

☎092-711-4355（福岡市政府Promotion推進課）※有關
大濠公園資訊請參照右表 **MAP** 附錄正面②A2 **!!**從博多
站搭乘地下鐵機場線9分，在大濠公園站下車

Start

地下鐵大濠
公園站

①

おおほりこうえん
大濠公園

位處在福岡市正中央，緊鄰福岡
城所在地的舞鶴公園與福岡市美
術館。湖泊內有4座橋分別連接
其間的小島，另外還有浮見堂、
日本庭園、能樂堂、野鳥之森等
多處景點。

1 有餐廳也有咖啡廳。天鵝遊船
最適合約會

☎092-741-2004（大濠・西公園
管理事務所）
MAP 附錄正面②A2 **➔**福岡市中
央区大濠公園 **!!**地下鐵機場線大
濠公園站3號出口即到
Ⓥ Ⓛ Ⓡ自由參觀 **Ⓟ**103輛（2小時
220日圓、之後每30分160日圓）

patisserie Jacques
はてぃすりーじゃっく

老闆曾在法國的名店「Jacques」工作、學藝過，要出來自立門戶時得到允許認可才可以使用相同店名，是一間實力派的西式甜點店。

1 Magnifique黑醋栗裏果慕斯460日圓 2 Jacques焦糖洋梨慕斯450日圓 3 店裡有內用空間

☎092-762-7700 ＭＡＰ附錄正面②A2
🏠福岡市中央区荒戸3-2-1 🚇地下鐵機場線大濠公園站1號出口步行4分 🕘9:30～18:30 🈺週二、第1、3週一 🅿16 🈺無

LIFE IN THE GOODS.
らいふいんざぐっず

店老闆親自走訪九州內外，挑選各種最適合的商品回來，有食器、文具和書籍等，種類眾多，每一種物品都是越使用越能感受製作者的用心。

1 以「日本」為主題的生活用品店店。陽光灑入店內，感覺很明亮 2·3 杯子2160日圓、叉子各1026日圓，都是講究的商品

☎092-791-1140 ＭＡＰ附錄正面②A2 🏠福岡市中央区大手門1-8-11サンフルノビル2F 🚇地下鐵機場線大濠公園站5號出口步行3分 🕘11:00～20:00 🈺週二 🅿無

おきよ
おきよ

位在鮮魚市場會館內的食堂，就連非常講究的饕客都會上門用餐。強調新鮮與便宜，中午的每日定食都是當天捕獲的海鮮料理。一大早就營業，也可來吃早餐。

1 最有人氣的海鮮蓋飯1750日圓，上面鋪滿了當季鮮魚，非常豐盛。

☎092-711-6303
ＭＡＰ附錄正面②B1 🏠福岡市中央区長浜3-11-3市場会館1F 🚇地下鐵機場線赤坂站5號出口步行9分 🕘6:00～14:00、18:00～22:00（週日、假日11:00～14:00) 🈺第1、3週日 🅿68 🅿300輛（平日60分免費、之後每30分100日圓）

Goal → 地下鐵赤坂站

大手門是麵包的寶庫

パン工房プチ ソレイユ
ばんこうぼうぷち それいゆ

位在巷弄間的可愛麵包店。從基本款到季節限定商品種類豐富。

☎092-724-8924
ＭＡＰ附錄正面②B2 🕘8:00～18:30 🈺週日、第1、3週一 🅿1輛

小牛角可頌1個160日圓

bakery mon
ぺーかりー もん

只使用日本產小麥粉。簡單樸素的口味是最吸引人之處。

☎092-716-6151
ＭＡＰ附錄正面②B2 🕘8:00～18:30 週日、假日 🈺1輛

最有人氣的貝果1個160日圓～

BAKERY KITCHEN RAGGRUPPI 大手門店
ぺーかりーきっちんらっぐるっぴ おおてもんてん

用講究食材做成的麵包琳瑯滿目，這裡是內附餐廳的人氣店。

☎092-739-2246
ＭＡＰ附錄正面②B2 🕘8:00～19:00 🈺週一（逢假日則翌日休) 🅿32 🅿無

蔓越莓麩皮麵包1個230日圓

可同時體驗新舊魅力
漫步在博多川端商店街

老舖與新店巧妙交融的博多川端商店街，是博多的下町 ♪
一旁角落還能看見傳統的「博多祇園山笠」之裝飾山笠。

COMMENTED BY 佐藤日菜子 WRITER

一到假日湧進觀光客的熱鬧博多川端商店街

はかたかわばたしょうてんがい

博多川端商店街

是這樣的地方

聚集了許多博多知名店鋪！
擁有約130間店面的商店街

串聯了博多Riverain及櫛田神社、博多運河城，這裡是深受博多人喜愛的商店街。參觀與「博多祇園山笠」有著深厚淵源的櫛田神社後，中午可視個人喜好來一碗講究的蕎麥麵，或到博多的烏龍麵老店吃午餐。「川端善哉廣場」每逢週五、六、日、假日營業，可以一邊品嘗紅豆湯圓一邊欣賞裝飾山笠。

☎無 MAP 附錄正面②D1
🏠福岡市博多區上川端町6-135、上川端町9-178 🚇從博多站搭乘地下鐵機場線3分、在中洲川端站下車5號出口即到

地下鐵
祇園站

くしだじんじゃ

櫛田神社

供奉著世界聞名的博多祭典「博多祇園山笠」之博多總鎮守。神社內一整年（6月除外）都展示著豪華奪目的裝飾山笠。很多人前來向求姻緣的名樹「夫婦銀杏」拜拜及祈求夫妻婚姻美滿。

1 用博多織製成的博多叶守800日圓 2 被暱稱為「櫛田家」，是祈求生意繁榮的知名神明。

☎092-291-2951
MAP 附錄正面②D1 🏠福岡市博多區上川端1-41 🚇地下鐵機場線 祇園站2號出口步行5分
💰免費參拜 🕐4:00～22:00
🈳無休 🅿50輛（每20分100日圓）

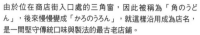

しんしゅうそば むらた
信州そば むらた

用北海道產昆布、熊本縣所產的柴魚片熬成的湯頭非常美味。而使用精選蕎麥粉手工做成的蕎麥麵入口更是風味濃厚。單點料理也很值得推薦。

1 二八蕎麥麵900日圓 2 很溫馨的店家外觀。每天前來的客人絡繹不絕,非常有人氣

☎092-291-0894　MAP附錄正面②E1
🏠福岡市博多區冷泉町2-9-1　🚇地下鐵機場線祇園站2號出口步行5分　🕐11:30～21:00
🈺第2週日　📮70　🅿無

かろのうろん

由於位在商店街入口處的三角窗,因此被稱為「角のうどん」,後來慢慢變成「かろのうろん」,就這樣沿用成為店名,是一間堅守傳統口味與製法的最古老店鋪。

1 明治15年(1882)創業的老店 2 放入一整條明太子的辣味明太子烏龍麵830日圓

☎092-291-6465　MAP附錄正面②E2
🏠福岡市博多區上川端町2-1　🚇地下鐵機場線祇園站2號出口步行5分　🕐11:00～19:00(售完打烊)　🈺週二(逢假日則翌日休)　📮25　🅿無

ぜんざい広場
川端善哉廣場

「博多祇園山笠」的裝飾山笠一整年都在這個廣場展示,並且販賣著從大正時代初便受到喜愛的博多名產「川端善哉」。北海道產大納言紅豆的鬆軟口感讓人讚不絕口。

1 店內裝飾著博多祇園山笠 2 川端善哉500日圓。夏天另有冰善哉500日圓

☎092-281-6223(上川端商店街振興組合事務所)
MAP附錄正面②D1　🏠福岡市博多區上川端町10-256　🚇地下鐵機場線中洲川端站5號出口即到
🕐11:00～18:00　🈺週一～週四(假日、有活動時營業)　📮30
🅿無

ぶどうのたねはかた
ぶどうのたね博多

以「生活的種子」為提倡概念,販賣可為生活增添色彩的雜貨與甜點、茶葉等。最受矚目的商品是全日本陶藝家們的各種作品。隨時舉辦各種企劃展覽。

1 店內很溫馨 2 使用大浦裕記先生的鐵漆做成的食器1個1450日圓～(售完請見諒)

☎092-292-6380　MAP附錄正面②D1
🏠福岡市博多區下川端町3-1博多Riverain Mall by TAKASHIMAYA1F　🚇直通地下鐵中洲川端站　🕐10:30～19:30
🈺無休　🅿博多Riverain停車場950輛(每30分150日圓)

Goal

地下鐵
中洲川端站

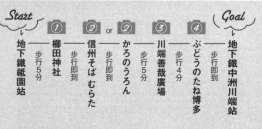

Start
地下鐵祇園站 ─ ①櫛田神社 步行5分 ─ ②信州そば むらた 步行即到 or ②かろのうろん 步行即到 ─ ③川端善哉廣場 步行5分 ─ ④ぶどうのたね博多 步行4分 ─ Goal 地下鐵中洲川端站 步行即到

博多Riverain Mall by TAKASHIMAYA
④ぶどうのたね博多
福岡亞洲美術館
冷泉公園
冷泉HOTEL川端
②信州そば むらた
Start
櫛田神社①
川端善哉廣場③
Goal
②かろのうろん
博多祇園郵局
博多中洲
Washington Hotel Plaza
博多運河城

N
0　100M

可感受福岡最新資訊的車站大樓
JR 博多城魅力大解析!

無論是時尚還是美食,只要來到這裡就能了解福岡的「最新資訊」。
這裡是充滿魅力且讓博多引以為傲的車站購物大樓。

COMMENTED BY 瀨戶內紀子 WRITER

じぇいあーるはかたしてい

JR 博多城

結合了時尚與雜貨、美食、伴手禮等約350家店鋪,還可一次購足福岡美食與伴手禮的方便景點,非常適合推薦給觀光客。

☎092-431-8484(JR博多城 AMU PLAZA博多綜合服務中心)
MAP 附錄正面②E2 ★福岡市博多區博多駅中央街1-1 ♥直通JR博多站 ❶因店式異 ᵖ有簽約停車場(收費※需洽詢)

はかたおおどけい

博多大時鐘
博多站的地標

直徑6.1m的大時鐘。指針與數字盤都採內照式設計。雖然是電波時鐘,不過也可欣賞到內側咖啡廳的人偶裝飾。

位在博多口正面為大家正確地報時

でじたるさいねーじ

數位面板
可一邊玩一邊搜尋

採用觸控面板系統,可搜尋大樓內餐廳資訊。也可使用臉部辨識APP來拍一些有趣的照片。不少人用來為旅遊增添一些美好的回憶。

設置在各樓層電梯處

AMU PLAZA 博多

東海道・山陽・九州新幹線・博多南線
篠栗線
鹿兒島本線

博多 DEITOS
MING
筑紫口
新幹線中央口
JR北口 JR中央口
中央電梯搭乘處
AMU博多
東急手創館博多店
博多口

博多 1 番街
AMU

はかたでいとす

博多 DEITOS

有許多福岡獨有的美食與伴手禮之複合商業設施。位在1F的「いっぴん通り」最適合讓趕著去搭車而沒有太多時間的乘客來購買伴手禮。

☎092-451-2561 ❶因店式異 ❻無休

はかたほろよいどおり

Ⓐ 博多ほろよい通り

位在「みやげもん市場」後方,飄邊鄉愁味的空間。有博多名產牛雜鍋店及賣烤串燒的居酒屋等共8家店鋪。可把握最後的一點時間前來,輕鬆喝上一杯。

☎092-451-2561 ❶11:00~23:00(因店式異) ❻無休

はかためんかいどう

Ⓑ 博多麵街道

DEITOS 2F新幹線閘票口前的便利位置一共聚集了12家麵店。不僅有博多的知名麵店,也有鹿兒島拉麵等來自九州各地的知名拉麵。另外也有口味清爽的烏龍麵和蕎麥麵。

☎092-451-2561 ❶11:00~23:00(因店式異) ❻無休

AMU PLAZA 博多
あみゅぷらざはかた

一共聚集了約210家店鋪的專門店街，如「東急手創館博多店」和「城市美食街Kooten」等。屋頂上還有「燕子森杯廣場」。

☎092-431-8484
🕐10:00～21:00(因店而異) 🈂無休

(C) 城市美食街 Kooten
していだいにんぐうてん

從福岡、九州的人氣店到全日本各地知名餐廳共約46家齊聚在此。是一處不僅觀光客，就連當地人都非常喜愛的美食聚集點。

☎092-431-8484
🕐11:00～最晚至翌日1:00(因餐廳而異) 🈂無休

(D) 燕子森杯廣場
つばめのもりひろば

由經手許多列車設計的水戶岡銳治先生所規劃之屋頂庭院。擁有可360度俯瞰福岡市區的展望露臺以及鐵道神社。

☎092-431-8484
🕐10:00～23:00(因設施而異)
🈂無休(遇雨天可能關閉)

(E) 東急手創館博多店
とうきゅうはんずはかたてん

1～5F約5000m²的賣場裡共有10萬件的商品可供挑選。欲挑選伴手禮的人可至1F「はかた・び(→P113)」及3F「九州的食卓」

☎092-481-3109
🕐10:00～21:00 🈂無休

MING (→ P91)
まいんぐ

2015年12月終於完成26年來的全面大改裝重新開幕。當地的甜點與伴手禮種類非常豐富，也讓博多車站內的購物更加方便。

☎092-431-1125
🕐9:00～21:00(因店而異) 🈂無休

博多阪急
はかたはんきゅう

美食與時尚都博得好評的百貨公司。尤其是擁有當下時尚流行與美妝資訊的樓層「HAKATA SISTERS」更是不能錯過。

☎092-461-1381 🕐10:00～21:00(5～8F・～20:00) 🈂無休

(F) うまちか!
うまちか

位在地下1F的食品樓層。除了有許多博多知名甜點、明太子等最具代表性的伴手禮外，也有不少博多阪急的限定商品。

☎092-461-1381
🕐10:00～21:00 🈂無休

博多1番街
はかたいちばんがい

從舊車站大樓時期就受到喜愛的美食街。一共有日本料理與義大利料理、韓國料理等多樣化的14家餐廳。也有早上7點便開始營業的店，可來這兒吃早餐。

☎092-431-1125
🕐7:00～23:00(因餐廳而異) 🈂無休

AMU EST
あみゅえすと

位在博多筑紫口的人氣購物景點。1F與地下1F的2個樓層聚集了約60家以20-30歲的年齡層為主要客群的時尚生活用品品牌。

☎092-451-2561
🕐10:00～21:00(因餐廳而異) 🈂無休

到當地的百貨公司岩田屋
購買獨家合作甜點

在福岡誕生的百貨公司「岩田屋」有許多與福岡縣內外名店一起攜手合作的甜點！
贈送如此稀有的伴手禮，即便是挑嘴的人收到也一定會很開心。

COMMENTED BY 大內理加 WRITER

●岩田屋本店（いわた や ほんてん）☎092-721-1111（代表）MAP 附錄正面③D2 ●福岡市中央区天神2-5-35
🍴地下鐵機場線天神站5號出口步行3分 🕙10:00～20:00 休不定期 P有簽約停車場（收費※需洽詢）

花糖
10個入 1296日圓

仿花瓣模樣做成的砂糖糖果。入口即化的口感與溫和甜味很吸引人。有草莓等共10種口味

Ⓐ

Ⓔ

鞠 mari 八女茶
（まり／やめちゃ）
1袋 540日圓

烤得蓬鬆的米果上面灑滿八女茶粉，微苦的茶葉香味，很高雅

Ⓑ

Ⓓ

Ⓒ

起司明太子巧克力
1片 281日圓

把冷凍乾燥後的明太子加入起司口味巧克力裡做成的甜點。淡淡鹹味竟然很順口

馬德蓮
2個入 540日圓～

使用發酵奶油與蜂蜜、法國產小麥粉等，原料很講究，腦模中帶有濃郁且不柴的口感

種子糖
1瓶6種口味 1188日圓

用砂糖做成清脆口感的糖果。口味有柚子與薄荷等6種

Ⓐ Ⓑ	Ⓒ	Ⓓ	Ⓔ
しげつどう	じゃっく	べるあめーる	じゅっか
SHIGETSUDO	**JACQUES**	**BEL AMER**	**十火 JUKKA**
以在福岡深植人心的「黑蒙布朗」雪糕而聞名的竹下製菓創立的品牌。主要生產用砂糖做成的可「用咬的糖果」。	由世界頂尖甜點師傅協會「Relais Desserts」成員之一的大塚良成主廚所經營之福岡知名甜點店。有許多經典的西式甜點。	以「適合日本的巧克力」為主題的店鋪，在東京成立的巧克力專賣店。第一次登陸九州的分店紀念限定版巧克力竟然是明太子口味！	在大阪已經營100年以上的米果店「とす」所推出新式米果，著重白米本身的風味。具有人氣的是口感酥脆清爽的「鞠」。

蒔田郁的獨家合作甜點

綜合鬆餅
324日圓

鬆軟軟的蛋糕層裡夾入甜味溫和
的鮮奶油與卡士達醬，還有滿滿
的水果

ちゃひとは
茶一葉
3片入 405日圓

無論是薄片餅乾還是巧克
力夾心餅乾，都加入了大
量的八女抹茶和玉露綠茶

小雞餅乾
3片入　648日圓

除了甜王草莓巧克力
外，還有櫻桃與黑芝麻
等5種口味

ちゃひとめ
茶一芽
7個入
324日圓

口感特殊，一咬就
散開的方塊餅乾。
香氣濃厚的玉露綠
茶和抹茶在口中散
發出好味道

かく
角 柚子胡椒口味
9個入 756日圓

辣味柚子胡椒液
「YUZUSCO」為糖蜜與
薩摩地瓜的自然甜味增添
了美味

ちゃいちりん
茶一輪
1080日圓

香醇的鮮奶油與微
苦的抹茶蛋糕搭配
出絕妙風味，是一
道奢華的甜點

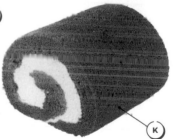

(F)

かじつこうぼうしんさん
果実工房 新 SUN

以加了許多季節性水果做
成的水果塔聞名的甜點
店。新推出的杯子蛋糕價
格便宜又方便享用，早已
是人氣商品。

(G)

どぅだむーる
DOUX D'AMOUR

由福岡知名甜點「小雞饅
頭」所成立的新品牌。以
店名由來的「愛」為主
題，推出各種口味的招牌
商品「小雞餅乾」。

(H)

なるときんときほんぽくりおしょうてん
**鳴門金時本舖
栗尾商店**

有許多用四國的薩摩地瓜
「鳴門金時」做成的各式
各樣和菓子。把正方形的
鳴門金時用糖蜜醃漬過的
「角」系列是主要商品。

(I)(J)(K)

こうぎょくえん
光玉園

在聞名全日本的少數產茶
地福岡縣八女市已經營
145年之久的日本茶專賣
店。用精選的玉露綠茶與
抹茶做成的和式甜點受到
男女老少的喜愛。

從招牌商品到新商品
想到就會笑的備受喜愛伴手禮

既然要送禮，那就花心思選一些讓對方收到會很開心的伴手禮吧。
招牌商品？輕鬆小品？以下告訴大家博多人最推薦的嚴選伴手禮。

COMMENTED BY 山田エミコ WRITER

必買伴手禮

ⒷⒸⒹⒺ
ⒻⒼⒾ

東雲堂
二〇加煎餅
小3枚入X4盒 540日圓
特大4枚入 648日圓

民俗技藝「博多仁和加」
的臉型煎餅。有趣的表情
及溫和口味很有吸引力。

ⒷⒸⒹⒺ
ⒻⒼⒾ

明月堂
博多通饅頭
5個 560日圓～

博多最具代表性的甜
點。結合了和菓子傳
統技術與西洋原料做
成的美味甜點

伊都きんぐ
鮮銅鑼燒
1個 410日圓

加入一整顆糸島產甜
王草莓的銅鑼燒。軟
綿綿的外皮也很美
味。12～5月限定

Ⓑ

蜂楽饅頭
1個100日圓

有紅豆餡（顆粒）
與白豆沙餡（顆
粒）2種口味。很
多當地人會大量購
買回去。

Ⓐ

石村萬盛堂
草莓蛋糕
4個入 540日圓

蛋糕裡頭加了滿滿的使用甜
王草莓做成的草莓卡士達醬

ⒷⒸⒹ

（岩田屋本店 本館）─── Ⓐ

ほうらくまんじゅう てんじんいわたやてん
蜂楽饅頭 天神岩田屋店

常常造成排隊長龍的人氣店。使用
特製的烤台製作現烤紅豆餅。可透
過玻璃窗觀看製作過程。

☎092-721-1111（代表）
MAP附錄正面③D2 📍福岡市中央區天
神2-5-35岩田屋本店 本館地下2F 🚉
地下鐵機場線天神站5號出口步行3分
🕐10:00～20:00 🈳不定期 🅿岩田屋
本店簽約停車場(收費&需洽詢)

（博多巴士總站）─── Ⓑ

はかたおみやげや
博多おみやげや

甜點、明太子、拉麵、酒等，九州
的伴手禮種類非常豐富。位在博多
巴士總站裡頭，出發前也能輕鬆購
買。

☎092-431-1177 MAP附錄正面②E2
📍福岡市博多區博多駅中央街2-1博多
巴士總站2F 🚉JR博多站博多口即到
🕐8:00～21:00 🈳無休 🅿無

（博多站新幹線閘票口內）─── Ⓒ

おみやげかいどうはかた
お土産街道博多

位在新幹線閘票口內的大型土產
店。九州知名拉麵和明太子、限定
商品等種類非常齊全。適合出發前
沒太多時間購買伴手禮的旅客。

☎092-434-6676 MAP附錄正面②F2
📍福岡市博多區博多駅中央街1-1 🚉直
通JR博多站 🕐6:45～21:15 🈳無休
🅿無

ふくや
tubu tube
100g 各 864 日圓
※綜合口味 90g～各 540 日圓

明太子的擠壓式新吃法。原味、
香料植物油等共9種口味，外觀
很可愛

薩摩蒸氣屋
博多燒甜甜圈
6個入 519日圓

以鹿兒島知名甜點卡士達圓蛋糕聞
名的「薩摩蒸氣屋」所製作之甜甜
圈。雞蛋香氣濃郁，不經油炸，現
做的甜甜圈讓人當場就忍不住立即
享用！

赤い風船
博多果樹園草莓
杏仁餅乾
3個入 280日圓～
※照片為20個入 1620日圓

甜王草莓與白巧克力組合而
成的美味杏仁餅乾

B C
D E F

博多うまか
明太子玉手箱系列
50g 各 200 日圓～310 日圓

梅子、柚子、扇貝等，與多種食材組合而
成的明太子

C
D
F

AKI やまこんにゃく
博多明太子蒟蒻 赤い恋人
150g×3條 1296日圓

加入辣味明太子的生蒟蒻。可直接生吃或炒過再吃，
都很美味

山口油屋福太郎
辣味明太子
風味仙貝
2片入x8包 480日圓～

可輕鬆把美味明太子買回去當伴
手禮，推出後成為暢銷商品。很
適合下酒。

B C D E
F G I

（ 博多站1F廣場北側 ）── D

まいんぐ
MING

2015年12月經過改裝後重新開
幕，店鋪種類更加豐富。不只伴手
禮，雜貨和流行時尚商品也很齊
全。

☎092-431-1125 MAP 附錄正面②F2
🏠福岡市博多区博多駅中央街1-1 1F
🚉直通JR博多站 🕘9:00～21:00（因
店而異）🈺無休 Ⓟ無

（ 福岡機場第1航廈 ）── E
えーえぬえー ふぇすた ふくおか いちびるてん

ANA FESTA福岡1航廈店

位在福岡機場搭乘櫃台旁，就算趕
時間的人也能立即購入。除了送人
的伴手禮外，也有許多可以買給自
己的商品。

☎092-621-4049 MAP 附錄正面①C2
🏠福岡市博多区下臼井778-1福岡機場
國內線第1航廈1F 🚉直通地下鐵機場
線福岡機場 🕘6:30～19:45 🈺無休
Ⓟ國內線停車場（收費&需洽詢）

（ 福岡機場第2航廈 ）── F
そらしょっぷ にびるとうちゃくてん

SORA Shop 2 航廈到達店

商品種類眾多，如九州限定甜點及
可在家品嘗到道地口味的拉麵
等，都不容錯過！一定可在這兒找
到喜歡的商品。

☎092-621-7900 MAP 附錄正面①C2
🏠福岡市博多区下臼井778-1福岡機場
國內線第2航廈1F 🚉地下鐵機場線福
岡機場直通 🕘6:30～22:00 🈺無休
Ⓟ國內線、國際線停車場（收費&需洽
詢）

輕鬆小品伴手禮

ⒷⒸⒹⒺ
ⒻⒼⒾ

高橋商店
YUZUSCO
75g　540日圓

九州名產柚子胡椒變
身為液體！加了辣椒
的RED 75g540日
圓，更加方便使用

ⒸⒹⒺⒼ

ふくや
めんツナかんかん
90g　324日圓

鮪魚和明太子的最強組合！鮪
魚加工成薄片狀，方便做料理
時使用

Ⓘ

龜田製菓
HAPPY Turn's HAPPY Joy
各12片入 540日圓

田製菓的HAPPY Turn仙貝又推出了多種口
味！有巧克力和蜂蜜優格等，每一種上面都灑
滿調味粉很好吃

Glico
PRETZ
博多明太子
2盒X16包入
1080日圓

把明太子粉末加入
含了明太子麵團所
做出來的餅乾，有
著滿滿的明太子味

ⒷⒸⒹⒺⒻⒼ

Chocolate Shop
明太岩石巧克力
11顆入　1080日圓

Ⓗ

與「味の明太子 ふくや」一起攜
手合作的商品。甜甜的巧克力中混
入明太子風味，甜中帶鹹讓人愛不
釋手

ⒷⒸⒹⒺⒼ

雀巢
Kit Kat 迷你甜王草莓
5片入　378日圓

福岡知名的品牌草莓與大家耳熟能詳的夾
心餅乾結合在一起！

博多運河城 ⟩ ── Ⓖ

ざ・はかた ぎふとしょっぷ
THE 博多GIFT SHOP

明太子、甜點、拉麵等博多的伴手
禮應有盡有。限定商品也很多，若
前往博多運河城（→P111）遊玩
一定要順道逛逛。

☎092-263-2205 MAP附錄正面③G1
🏠福岡市博多区住吉1-2-22博多運河城
Center Walk地下1F OPA ‼地下鐵
機場線 祇園站 5號出口步行7分
🕐10:00～21:00 休無休 🅿博多運河城
停車場1300台(收費&需洽詢)

AMU PLAZA博多 ⟩ ── Ⓗ

はかたのいしだたみ ちょこれーとしょっぷの
おみやげやさん
博多の石畳
Chocolate Shop おみや
げ屋さん

昭和17年（1942）起便廣受愛戴
的博多老店。傳承第一代老闆在歐
洲累積下來的經驗，製作許多講究
的巧克力甜點。

☎092-281-1826 MAP附錄正面②E2
🏠福岡市博多区博多駅中央街1-1JR博
多城 AMU PLAZA博多1F ‼直通JR
博多站 🕐10:00～21:00 休不定期
🅿JR博多城特約停車場(收費&需洽詢)

博多阪急 ⟩ ── Ⓘ

うまちか
うまちか!

位在博多阪急地下1F，寬廣的樓
層每天都擠滿了當地人與觀光客。
可現場享用各種地下街美食的飲食
區也很有人氣。

☎092-461-1381(博多阪急代表)
MAP附錄正面②F2 🏠福岡市博多区博
多駅中央街1-1博多阪急地下1F ‼JR
地下鐵 博多站下車即到 🕐10:00～
21:00 休無休 🅿JR博多特約停車場
(收費&需洽詢)

在超市可買得到的當地食品

(天神)

れがねっとてんじん
Reganet 天神

附設在西鐵福岡（天神）站
Solaria Stage地下1F的超市。有
許多福岡人料理三餐時不可或缺的
食材、調味料以及點心。

☎092-771-3397 MAP附錄正面③D1
🏠福岡市中央區天神2-11-3 SOLAR
IA STAGE地下1F ♘西鐵天神大牟田
線西鐵福岡（天神）站北口即到
🕐7:00～23:00 🄫無休 🅿Solaria Te
rminal停車場460輛（每30分200日圓）

リョーユーパン
**曼哈頓巧克
力餅乾**
119日圓

淋上巧克力後的酥脆口感非常
特別，是長期以來的暢銷商品

竹下製菓
**特製
黑蒙布朗雪糕**
141日圓

受到喜愛已經超過40年的雪
糕，黑蒙布朗雪糕的特製版

まごおりかまぼこ
馬郡蒲鉾
馬郡牛蒡黑輪片
3片入 211日圓

使用石臼磨出來的博多名產，丸天加入
牛蒡做出來的黑輪片

オギハラ食品
辣味明太子高菜
80g 195日圓

九州產的高菜與辣味明太子攜手
合作！可加在熱騰騰的白飯上一
起享用

くばら醬油
**博多無油
高麗菜醬**
280mℓ 322 日圓

不只高麗菜，也可加在烤
魚、烤肉及沙拉上食用

なんりしょうてん
南里商店
南里海藻
3條入 195日圓

博多早餐的必備品，乃用
一種紅藻做成的滑溜溜口
感之天然食品

糸島小旅行

感受大海
前往糸島的GOOD SHOP

到糸島的海邊咖啡廳享受悠閒時光是1個月1次給自己的犒賞。
以下要介紹的是讓人想藏私的時髦又優雅咖啡廳與店鋪。

COMMENTED BY　なかのりえ　WRITER&SOMMELIER

いとしま
糸島

緊鄰福岡市西側，是一處擁有大海與山景、大自然景色豐富的地區。最近出現了許多海邊咖啡廳、充滿特色的麵包店、雜貨店等時髦店鋪，在年輕客群中人氣不斷竄升中。從福岡市區雖然搭乘市營地下鐵或JR、巴士也能到，但若是想要好好地體驗別具風情的糸島海邊，那就一定要開車前來。可在福岡市區租車。

是這樣的
地方

☎092-322-2098（糸島市観光協會）MAP附錄正面①A、B1~2 從福岡都市高速、西九州自動車道天神北出入口到今宿IC約13km、到周船寺IC約16km、到前原IC約22km

照片上排左起：Adansonia(→P96)、Bistro & Cafe TIME(→P95)、季節屋(→P99) 中排:ヒッポー製パン所(→P99)、Kurumian(→P97)、CURRENT(→P95) 下排:左・中央／Cachette(→P99)、右／CURRENT(→P95)

1 氣氛輕鬆的露臺座 2 自製薑汁汽水540日圓。入口後帶著一股刺激後勁 3 夏威夷漢堡排飯（1080日圓）使用了大量的糸島產蔬菜 4 原木裝潢充滿溫馨感

SUNSET
さんせっと

到老咖啡廳享受南洋氣氛

聚集了許多當地衝浪客的老咖啡廳。有夏威夷漢堡排飯、披薩、義大利麵等，可品嘗到夏威夷與義大利美食。南洋氣息的明亮環境很療癒人心。

☎092-809-2937 MAP附錄正面①A1
🏠福岡市西區西浦284 🚗從周船寺IC車程30分 🕚11:00～22:00LO 休週六、第3個週三 📶100 🅿10輛

CURRENT
かれんと

眺望大海的同時享用美味早餐

位在高台的餐廳，在糸島很難得一見。在這兒可以一邊欣賞眼前的大海、一邊品嘗三明治套餐早餐650日圓（8～10時）。使用糸島產雞蛋與蔗糖做成的布丁和蛋糕捲也很美味。

☎092-330-5789 MAP附錄正面①A2
🏠糸島市志摩野北向畑2290 🚗從前原IC車程20分 🕚8:00～20:00LO 休週三、第1個週二 📶68 🅿22輛

1 獨家調配的拿鐵咖啡550日圓 2 常常一大早就座無虛席 3 糸島蛋糕捲300日圓、CURRENT布丁230日圓 4 店內也有麵包店

Bistro & Cafe TIME
びすとろ あんど かふぇ たいむ

糸島距離大海最近的咖啡廳？

穿越過一個大鳥居來到的是位在海邊、用拖車式房屋設計而成的咖啡廳。曾到法國等各國學習過的主廚善用糸島食材，做出各種充滿原創性的美食。

☎092-332-8607 MAP附錄正面①A1
🏠糸島市志摩桜井大口4423-7 🚗從前原IC車程24分
🕚11:00～16:00、18:00～20:30LO 休週四 📶28 🅿10輛

1 法式濾壓壺咖啡500日圓 2 明亮的原木裝潢空間 3 西班牙碳烤蔬菜1000日圓。糸島產蔬菜用烤爐燒烤過後再佐以特製小松菜沙拉醬享用

うっちーのしょくどう
ウッチーノ食堂

把老闆的老家改建而成的食堂。店裡頭到處
裝飾著作家們的作品,形成一個保留了和風
卻又帶點時尚的空間。料理以義大利美食為
主,將食材發揮極致的溫潤菜色受到男女老
少的喜愛。

☎092-325-0796　MAP 附錄正面①A3
🏠糸島市二丈深江568　🚗從前原IC車程20分　🕚11:30
～14:00LO、18:00～21:00LO　休週一　🪑19　🅿5輛

1 牛肝菌菇之起司燉飯
1100日圓 2 甜點拼盤650
日圓 3 坐在吧檯位子可
以與老闆開心交談 4 充
滿綠意且舒適的餐廳

あだんそにあ
Adansonia

老闆夫妻運用精湛的手藝,將糸島的當季食
材料理,並裝飾成一盤盤賞心悅目的美食。
從自製麵包到手工義大利麵,徹底講究手工
製作。在這個以白色為底色的自然風格店
裡,將可細細品嘗使用大量糸島蔬菜做成的
創意料理。

☎092-325-2226　MAP 附錄正面①A2
🏠糸島市二丈浜窪396-1　🚗從前原IC車程31分
🕚11:30～20:30(晚餐採完全訂位制)　休週四、日
🪑20　🅿7輛

1・2 午餐全餐之一1500日
圓,蘑菇與帕瑪森起司之
手工義大利麵、酸漬烤茄
子與無花果 3 店內採挑
高設計,充滿開放感 4
位在海邊

1 位在老闆自家庭院、被綠樹環繞的工作室風格建築物 2 精選映襯出各種美食的食器。小盤子1296日圓等

くるみあん
Kurumian

以食器為主，另外還有亞麻與有機棉製服飾及藝術品等，店內到處是讓日常生活更加舒適與充滿色彩的商品。這些都是老闆前往各地旅遊時所發現的各個作家之作品，本身即為書墨家的老闆林田友香作品也放置其中。

☎092-328-2515 MAP 附錄正面①A2
糸島市志摩久家2129-1 從前原IC車程15分
12:00～16:00 休週二～四(逢假日則營業) P6輛

いとしまくらし ここのき
糸島くらし×ここのき

店內有好多糸島木製的食器與玩具、掛鐘等。另外也販售住在糸島的創作家之手工裝飾品、工藝品及糸島產調味料等。可到同樓層的咖啡廳享用咖啡（400日圓）。

☎092-321-1020 MAP 附錄正面①B2
糸島市前原中央3-9-1 從前原IC車程8分
10:00～18:00 休週二 P4輛

1 店內櫃子與門扉等都是木製的 2 沙拉醬110ml340日圓～與果醬170g 430日圓～等都是產自糸島

1 將具有80年歷史的倉庫改建而成的店內一景 2 DOVER獨創皮革包（大）35000日圓、（中）18000日圓、小13800日圓

どーばー
DOVER

以夏威夷出身的藝術家JAMES DOVER的藝術品為主，寬敞的店內擺滿自家品牌皮革製品，以及居住在糸島的創作家們所製作的裝飾品等。週末會舉辦工藝教學（需預訂）

☎092-327-3895 MAP 附錄正面①A2
糸島市志摩桜井4656-3 從前原IC車程21分
11:00～17:00 休週二 P30輛

伴手禮就要選擇
糸島產的美食

糸島還有好多好吃的東西喔～
在海邊咖啡廳休憩後，可以挑一點糸島產的美食回去當伴手禮。

COMMENTED BY　スズキヨーコ　ILLUSTRATOR

いとさいさい
伊都菜彩

寬廣店裡陳列的蔬菜、肉類、魚類、花卉、甜點、熟食，甚至附設的烏龍麵店所使用的小麥粉等，全部都是來自糸島。也有許多只有這兒才有的限定商品，如咖哩和果汁等。味道濃郁的霜淇淋常常大排長龍，非常有人氣。

☎092-324-3131　MAP附錄正面①B2
🏠糸島市波多江567　🚉從前原IC車程4分　🕘9:00～18:00
休無休　P400輛

1 草莓牛奶霜淇淋
330日圓 2 1300㎡
的賣場裡隨時都有
來自農家的當季蔬
菜 3 每逢假日人
潮眾多，包括縣外
訪客加起來高達1
萬人以上

1 店內有許多養生的有機食材 2 用餐處有可充分品嘗到糸島
恩澤的食材所做成的里山御前2680日圓 3 美人佃煮80g 626
日圓 4 安蔵里のあらぶる塩90g 691日圓

いとあぐり
伊都安蔵里

將醬油製造廠改建而成的店鋪。位在綠樹環繞的大自然之間，充滿復古氣息的外觀獨具魅力。除了販賣以自然栽培農法而成的糸島蔬菜以及有機食材外，也設有可品嘗自然食材的餐廳與咖啡廳，可以在此優雅地度過美好的時光。

☎092-322-2222　MAP附錄正面①A3　🏠糸島市川付882
🚉從前原IC車程4分　🕘商品販售處10:00～18:00、咖啡廳
10:00～17:30、餐廳11:30～14:30（週六、日、假日11:
00～15:00）　休第2週二　咖啡廳43、餐廳60　P35輛

季節屋
きせつや

販賣各式各樣的鹽製品，如糸島特產的自然海鹽「またいちの塩」。超人氣的布丁味道濃郁，最新的吃法是先品嘗一下溫和的甜味後，再灑上鹽巴嘗試。清脆的口感以及加了鹽巴後的深層風味真是非常難得的體驗。

☎092-330-8732
MAP 附錄正面①A3 🏠糸島市本1454 ‼從前原IC車程5分
🕐10:00～17:00 休週四 ⓟ15輛

1 陳列著香草鹽與醬油的店內 2 花鹽布丁1個350日圓。先嘗過後再加入焦糖與鹽巴，體驗各種不同的口感

Cachette
かしぇっと

可愛的白色外觀很引人注目，這是一家只在週六、日、假日才營業的菠蘿麵包專賣店。外皮像餅乾一樣芳香酥脆，裡頭則是軟綿綿。除了一般的菠蘿麵包，隨不同季節也會推出加入水果的菠蘿麵包。

☎092-332-9012
MAP 附錄正面①A2 🏠糸島市多久507-8 ‼從前原IC車程2分
🕐10:00～售完打烊 休週一～週五（逢假日則營業）ⓟ9 ⓟ50輛

1 白菠蘿麵包、菠蘿麵包各150日圓，照片中的鮮奶油館與巧克力館各250日圓 2 現烤的麵包香味瀰漫在店裡

ヒッポー製パン所
ひっぽーせいぱんじょ

推薦的是以低溫長時間發酵法製成的法國長棍麵包。口感非常紮實，越咀嚼越能吃出小麥的原味。備內用空間，可以一邊與老闆聊天、一邊品嘗剛出爐的麵包。

☎092-985-1926
MAP 附錄正面①B2 🏠福岡市今宿駅前1-11-8 ‼JR今宿站步行4分
🕐7:00～17:00（售完打烊）休週二、第3週一 ⓟ5 ⓟ6輛

1 使用許多原木打造而成的可愛店鋪 2 照片由上按順時針方向為法國長棍350日圓（半條180日圓）、牛角可頌200日圓、紅豆麵包230日圓、牛奶麵包90日圓

深入採訪 旅遊小筆記

令人好奇的 方言

しゃーしー

【shàshii】

意思

「囉嗦、煩人、麻煩」之意。乃從代表「忙碌」之意的「せわしか」一語衍生而來的，類義語是「せからしか」。

例1

車の音がしゃーしかね。
車子聲音很吵

例2

しゃーしーけん、
何回も送らんで。
不要寄那麼多次，很煩的

採訪中 令人好奇的邂逅

擁有200家以上店鋪的資訊

九州の酒と食博多住吉酒販本店（☎092-281-3815 MAP附錄正面③G3）備有福岡市內餐飲店的明細卡，可按地區尋找，推薦來此查詢今天想品嘗的餐廳！

為何要投賽錢？！

連結天神地下街與福岡PARCO的噴泉、天神河童之泉（MAP附錄正面③D1）。有些人經過時會往河童人偶投賽錢。每準點會有噴水秀。

大受女性歡迎！奢華洗手間

位在福岡三越（→P108）LACHIC內的女性專用化妝室。LaLaLa Room內設有可自由使用的插座。來這裡吸取精油芳香讓全身放鬆一下吧。

令人好奇的人物 是何方神聖？

聖德明太子
しょうとくめんたいし

口頭禪為「ばってんくさ」的福岡吉祥物明太子先生。宣傳福岡的同時還跳著最拿手的舞蹈「めんたいそう」。最適合買來當伴手禮的相關商品熱銷中。

飛魚湯底自動販賣機

由廣島縣吳市的二反田醬油公司所設置的保特特瓶裝湯底自動販賣機（MAP附錄正面③E4）。裡頭裝了昆布以及一整尾用炭火烤過的長崎縣平戶產烤飛魚。

市區中的化石

每日福岡會館（MAP附錄正面②D2）1F牆壁琉球石灰岩的年份幾乎與人類誕生同時期，可看到珊瑚與貝殼等。天神CORE（MAP附錄正面③D1）的外牆與IMS（MAP附錄正面③D1）地下2F的地板也看得到化石！

本書作者的真心話
各式各樣的必遊景點複習

SPOT

JR博多城

博多運河城

櫛田神社

屋台

提供：福岡市
天神

直通JR博多站的JR博多城（→P86）是集合許多商業設施的福岡自豪之超大車站大樓。午餐時段人潮壅擠，避開此時段前往是為上策。超人氣的博多運河城（→P111）每準點所舉行的噴水秀值得一看。隨著音樂強力噴灑而出的水柱令人驚嘆。（→P86）博多的總鎮守櫛田神社（→P84）有「櫛田家」之稱，是生意繁榮與長生不老之守護神，長期擺放者每年7月所舉辦的祭典「博多祇園山笠」之裝飾山笠。而博多夜晚絕對不能錯過的就是屋台（→P40、42）。不僅拉麵、炸天婦羅，甚至連調酒吧都有，在窄小的空間裡，即便是「初次見面」的人也能馬上聊起天來。不過要注意的是下雨天會停止營業，且客人眾多時大家會避免坐太久，這些都是小小的淺規則。若是想得知福岡的流行趨向，那就到天神（→P104）。西通一帶打扮時髦的人很多，是一處讓人眼睛為之一亮的地區。

FOOD

福岡的三大美食分別為博多拉麵（→P30-39）、水炊鍋（→P46）、牛雜鍋（→P48）。以豚骨＋極細麵為主的博多拉麵店在天神及中洲附近競爭激烈。水炊鍋除了有許多名人加持的老店外，近來也增加不少時尚風格的新店。而在當地人之間區分成增派與醬油派的是牛雜鍋，不過鹽味與橘醋味等第三勢力也逐漸擴展開來。當地居民們最喜愛的B級美食當中千萬不可忘掉的是一口煎餃（→P52）。熱騰騰的鐵板煎出來的煎餃，其特色是帶有香酥的底皮，只有一小口卻多汁美味，無論多少都吃得完。鯖魚刺身搭配芝麻醬油而成的芝麻鯖魚等，玄界灘的海鮮（→P54）CP值之高令人驚嘆。來到美食天國的福岡，只要肚子還有空間，那就一定要續攤。

博多拉麵
牛雜鍋
水炊鍋
一口煎餃
玄海灘的海鮮

SOUVENIR

明太子

小雞饅頭

二〇加煎餅

鈴懸

博多通饅頭

只要提到博多就想到明太子（→P74），是博多最具代表性的名產，許多品牌競爭激烈。喜歡甜食的人可試試看包了滿滿黃餡的知名甜點、小雞饅頭（ひよ子本舖吉野堂MING店☎092-415-1450 MAP 附錄正面②F2），季節限定時期收到小雞饅頭的人一定會很開心。若是想要來點不一樣的，可選擇幽默的面具模樣的二〇加煎餅（にわかせんぺい／P90），只要戴著隨盒附贈的面具把禮物送給對方，一定會大受歡迎。被認為是美麗和菓子的鈴懸（すずかけ／鈴懸本店☎092-291-0050 MAP 附錄正面②D1）則是傳承自現代名匠中岡三郎氏，已有90年以上歷史的老店味道一定要嘗試看看。而在福岡的知名度幾乎可說是100%的博多通饅頭（→P90）也千萬不能忘記。用奶香薄皮包裹著白四季豆餡、已連續15年獲得世界食品評鑑會（Monde Selection）金獎的知名甜點。

/ 區域別 /

STANDARD SPOT CATALOG

必遊景點目錄

CONTENTS

依照各區域介紹遊客
最常造訪的必遊觀光設施、
好評餐廳、咖啡廳資訊

詳細交通資訊請見P134 >

福岡 OPEN TOP BUS

ふくおかおーぷんとっぷばす

天神 ｜ Check

這是個可以聽福岡市內主要觀光景點解說的2層式敞篷觀光巴士。共有3種約1小時的解說行程，票價皆為1540日圓。從距離地面約3m高的座位上不僅可以感受陣陣涼風，還能擁有遼闊的視野。

☎0120-489-939（九州巴士高速預約中心）
MAP 附錄正面③E1　出發地:「天神・福岡市役所前」巴士站　🏠福岡市中央區天神1-8-1福岡市役所本庁舍1F　🚉地下鐵機場線天神站14號出口步行4分　💴票價1540日圓　🕐因季節而異　🅿無

1 也有行經都市高速道路的行程

福岡市 赤煉瓦文化館（福岡市文學館）

ふくおかし あかれんがぶんかかん（ふくおかしぶんがくかん）

天神 ｜ 觀光景點

由代表明治時代的建築家辰野金吾及片岡安所設計的。紅磚瓦與白色花崗岩的外牆令人印象深刻，乃傳承自19世紀末的英國風格。1F是福岡市文學館，展示著許多與福岡有關的文學家作品。

☎092-722-4666　MAP 附錄正面②D1
🏠福岡市中央区天神1-15-30　🚉地下鐵機場線天神站12號出口步行5分　💴免費參觀　🕐9:00～21:00　🕐週一（逢假日則翌日休）　🅿無

1 充滿變化的設計獨具特色。左圖的階梯屬於裝飾藝術式樣

水鏡天滿宮

すいきょうてんまんぐう

天神 ｜ 觀光景點

祭祀著廣為人知的學問之神菅原道真公的神社。被左遷到太宰府的道真看到自己倒映在河川上的面貌後，立志「成為後世為冤罪受苦的人們之守護神」，水鏡天滿宮因而被命名，天神地名也是由此而來。

☎092-741-8754　MAP 附錄正面②D2
🏠福岡市中央区天神1-15-4　🚉地下鐵機場線天神站12號出口步行5分　💴免費參拜　🕐6:00～20:00（週六、日～19:00）　🕐無休　🅿無

1 福岡藩初代藩主黑田長政將之遷移到相當於福岡城鬼門的現址

福岡縣立美術館

ふくおかけんりつびじゅつかん

天神 ｜ 觀光景點

這兒收藏了許多各式各樣與福岡有淵源的藝術家作品，如高島野十郎與兒島善三郎等。館內的美術圖書室與美術相關圖書約3萬冊及最新雜誌都開放閱覽，也會時常舉辦收藏展、體驗講座等活動。

☎092-715-3551　MAP 附錄正面②C1　🏠福岡市中央区天神5-2-1　🚉地下鐵機場線天神站東1號出口步行10分　💴免費入館（展覽需購票）　🕐9:00～18:00（展覽會10:00～、入場～17:30）　🕐週一（逢假日則下一個平日休）　🅿50輛

1 昭和中期的時髦建築物

あほたれ～の

あほたれ～の

天神 | 用餐

① 已營業40年以上的老屋台。菜色是向以前墨西哥籍員工學來的道地口味,有墨西哥捲餅、炸天婦羅、牛雜鍋等種類多樣。調酒種類也高達100種以上,有許多女性常客。

☎080-5247-9819 MAP附錄正面③D2
🏠福岡市中央区天神1大丸福岡天神店前 🚇地下鐵七隈線天神南站歩行3分 🕐19:00～翌3:00 ❌不定休 座14 🅿無

① 超推薦的墨西哥捲餅650日圓。道地墨西哥口味最適合搭配啤酒享用

うどん和助 天神店

うどんわすけ てんじんてん

天神 | 用餐

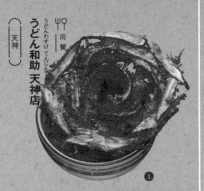

① 發源自北九州市,乃對手工烏龍麵充滿熱忱的愛好者所組成之「豐前裏打ちの会」成員之一,這裡是2號店,與位在城南區鳥飼的本店一樣都造成排隊人潮。麵條都是當場現做,絕對不會事先製作,更不會煮起來放,細長的麵條呈半透明狀,帶有光澤很有嚼勁。

☎092-733-0202 MAP附錄正面③C1
🏠福岡市中央区天神3-4-30 🚇地下鐵機場線天神站4號出口即到 🕐11:00～16:00LO、18:00～22:00LO ❌無休 座28 🅿無

① 放上剛炸好的牛蒡天婦羅之牛蒡烏龍麵600日圓,滿滿一碗超豐盛

ロシア料理 ツンドラ

ろしありょうり つんどら

大名 | 用餐

① 有些家庭一連3代都是常客,是受到當地人愛戴的知名餐廳。放入鴻喜菇與雞肉奶油煮成的壺燒料理以及用蔬菜與豬肉熬煮的羅宋湯等,都是俄羅斯傳統美食。能輕鬆享用的午餐也很有人氣。

☎092-751-7028 MAP附錄正面③C1
🏠福岡市中央区大名2-7-11 🚇地下鐵機場線天神站2號出口即到 🕐11:00～22:00(午餐～15:00) ❌無休 座70 🅿無

① 附羅宋湯、沙拉、炸肉餡包、壺燒料理的午餐1520日圓(週日、假日1700日圓)

極味や 福岡PARCO店

きわみや ふくおかぱるこてん

大神 | 用餐

① 使用伊萬里牛與日本和牛調配做成的漢堡肉專賣餐廳。利用熱騰騰的鐵塊將漢堡肉煎至恰到好處享用。可選擇沾醬與漢堡肉大小,套餐內附的白飯、味噌湯、沙拉、霜淇淋都是吃到飽。

☎092-235-7124 MAP附錄正面③D1 🏠福岡市中央区天神2-11-1福岡PARCO地下1F 🚇地下鐵機場線天神站6號出口步行3分 🕐11:00～23:00 ❌不定期 座24 🅿福岡PARCO簽約停車場(收費※需洽詢)

① 漢堡排1166日圓～(套餐價格)

不思議香菜ツナバパ

ふしぎこうさいつなばば

大名 用餐

來自斯里蘭卡的主廚所做的咖哩飯十分受到好評。椰奶的溫潤口感與從日本當地進貨的28種麻辣香辛料非常吸引人。超人氣的午餐「斯里蘭卡咖哩」附沙拉、冰淇淋、紅茶。

☎092-712-9700　MAP附錄正面③C2
🏠福岡市中央区大名2-1-59大產西通ビル5F　🚇地下鐵機場線天神站2號出口步行5分　🕚11:30～23:30(午餐～17:00)　❌無休　🪑40　🅿無

1 斯里蘭卡咖哩飯970日圓（限午餐）

元祖赤のれん 節ちゃんラーメン

がんそあかのれん せっちゃんらーめん

大名 用餐

位在聚集了多家濃稠豚骨湯頭麵店的大名地區，屬於實力派拉麵店。醬油味的茶褐色湯頭有著豬油本身的濃稠好味道，特別挑選扁平細麵條搭配，讓濃稠湯汁更容易隨之入口。

☎092-741-0267　MAP附錄正面③C2
🏠福岡市中央区大名2-6-4　🚇地下鐵機場線天神站2號出口步行5分　🕚11:00～23:30　❌不定休　🪑50　🅿無

1 拉麵550日圓。左圖是位在天神西通附近的店鋪，有許多套餐供選擇

もつ鍋 笑楽 本店

ちつなべ しょうらく ほんてん

西中洲 用餐

這家牛雜鍋店使用的秘傳湯頭是將2種醬油調配後搭配雞湯做成的。以簡單的原料做出清爽的口味，加入九州產牛雜與縣產高麗菜、韭菜，以及大片的牛蒡。

☎092-761-5706　MAP附錄正面③E1
🏠福岡市中央区西中洲11-4　🚇地下鐵七隈線天神南站5號出口步行3分　🕚17:00～翌日1:00（週六、日、假日12:00～15:00、16:00～翌日1:00）　❌無休　🪑70　🅿無

1 博多名產牛雜鍋1人份1180日圓（照片為3人份）

やきとり 赤兵衛

やきとり あかべえ

大名 用餐

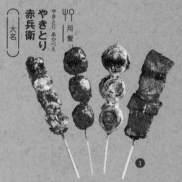

充滿活力的店裡總是擠滿各年齡層的客人，熱鬧非凡。串燒種類有35種以上，用菜刀細細切碎的碎軟骨串、仔細串起來的雞皮，還有雞肉丸串都很有人氣。不能錯過的是30年來不斷追求並維持至今的美味秘傳烤醬

☎092-713-1464　MAP附錄正面③B2
🏠福岡市中央区大名1-12-36　🚇地下鐵機場線 赤坂站5號出口步行6分　🕚17:00～翌日0:00　❌無休　🪑56　🅿無

1 左起碎軟骨串130日圓、雞肉串160日圓、紫蘇捲180日圓、沾醬豬肉串130日圓

天神

咖啡廳

TOKIO IMS 店
ときおいむすてん

①

可嘗到使用大量又美味的當季水果現榨而成的100％果汁與聖代的咖啡廳。午餐是吐司搭配水果沙拉或綠蔬沙拉，附飲料500日圓～。所使用的水果視季節而異。

☎092-733-2234　MAP 附錄正面③D1
🏠福岡市中央区天神1-7-11IMS地下1F　🚇地下鐵機場線天神站13號出口步行3分　🍴以IMS為主　🪑30　🅿IMS停車場184輛（每30分260日圓、1天1500日圓※平日限定）

1 水果聖代780日圓

大名

咖啡廳

ROBERT'S COFFEE 大名店
ろば　つこーひー　ふくおかだいみょうてん

①

芬蘭品牌咖啡連鎖店的日本第1號店。咖啡口味溫和不傷胃。熱咖啡1杯380日圓～。另有許多適合搭配咖啡的點心，如香味濃厚的肉桂捲。

☎092-725-8818　MAP 附錄正面③C2
🏠福岡市中央区大名1-12-5アペゼビル2F　🚇地下鐵機場線天神站2號出口步行5分　🕙10:00～23:00（週六7:30～、週日、假日7:30～22:00）　🈵無休　🪑63　🅿無

1 熱咖啡與肉桂捲200日圓

大名

咖啡廳

manu coffee 大名店
まぬこーひー　だいみょうてん

①

可品嘗到在春吉工廠自家烘焙而成的「Ocami Coffee」。另有點心如起司蛋糕（324日圓）及三明治（540日圓）等，也販賣一些可當伴手禮的獨家馬克杯與T恤，很有人氣。

☎092-732-0737　MAP 附錄正面③C2
🏠福岡市中央区大名1-1-3石井ビル1F　🚇西鐵天神大牟田線西鐵福岡（天神）站南口步行10分　🕙8:00～翌日0:00　🈵不定期　🪑44　🅿無

1 每日8～12時限定的Good Time Coffee（200日圓）是正統的咖啡

天神

購物

雑貨館インキューブ 天神店
ざっかかんいんきゅーぶ　てんじんてん

①

從化妝品到各種可愛雜貨、文具用品等，這兒有許多讓女性看了會心花怒放的商品。IC交通卡「nimoca」的吉祥物相關商品等，一些只有在福岡才看得到的獨特雜貨也不能錯過。

☎092-713-1092　MAP 附錄正面③D1　🏠福岡市中央区天神2-11-3 SOLARIA STAGE M3～5F　🚇西鐵天神大牟田線西鐵福岡（天神）站直通　🕙10:00～20:30　🈵不定期　🅿Terminal停車場460輛（每30分200日圓）

1 nimoca吉祥物玩偶756日圓

STANDARD SPOT CATALOG

天神

🛍 購物

福岡 PARCO
ふくおかぱるこ

1 新館開幕加上本館增設樓面積後，更具吸引力 2 6F中央備有沙發座。上圖為新館地下2F，有一些咖啡廳與輕食店

引領福岡的文化趨勢
充滿魅力的購物大樓

這裡現在已成為天神地區最大的購物中心，隨時傳遞最新的生活型態與文化。不但有許多第一次登陸九州的店家，也有不少只在福岡市內設立店鋪的品牌，已緊緊抓住大家的目光。常常舉辦值得關注的各種活動。

☎092-235-7000 ᴍᴀᴘ附錄正面③D1
🏠福岡市中央区天神2-11-1 🚶直通地下鐵機場線天神站5、7號出口 🕙10:00～20:30(因店而異) 🈺不定期 🅿有簽約停車場(收費※需洽詢)

天神

🛍 購物

福岡三越
ふくおかみつこし

1 每天人潮都很多 2 古賀茶業的八女煎茶「香」100g1080日圓。上圖是こじま亭的「麻糬布丁」1盒3個入789日圓

最適合來此購買伴手禮！
地下樓層商品很豐富的百貨公司

大樓內南北長達220m的空間一整排都是知名店鋪，尤其是地下2F的食品賣場「全国銘菓 菓遊庵」，不僅九州商品，來自日本各地的知名甜點都聚集在此，非常受到歡迎。這裡直通天神巴士總站及西鐵福岡（天神）站，交通十分便利。

☎092-724-3111 ᴍᴀᴘ附錄正面③D2
🏠福岡市中央区天神2-1-1 🚶直通西鐵天神大牟田線西鐵福岡（天神）站 🕙10:00～20:00 🈺不定期 🅿簽約停車場4150輛(收費※需洽詢)

STANDARD SPOT CATALOG

LT LOTTO AND TRES

えるていろっと あんど とれす

天神 / 購物

以「不受時代主流影響的基本款」為主題所販賣的東西都是長期廣受喜愛的商品。有從全日本與北歐蒐集來的桌飾與家飾品、各種文具用品、服飾雜貨等，種類很廣泛。

☎092-736-7007　MAP 附錄正面③D1

🏠福岡市中央区天神2-10-3ヴィオロ6階　🚉地下鐵機場線天神站6號出口步行3分　🕐11:00～21:00　🈂不定期　Ⓟ VIORO簽約停車場（收費※需洽詢）

1 波佐見燒的商品（1080日圓～）種類豐富

SOLARIA PLAZA

そらりあぷらざ

天神 / 購物

引領福岡時尚流行的購物大樓。不僅擁有舒適的購物環境，還有許多造成話題的品牌，十分受到女性上班族的青睞。

☎092-733-7777　MAP 附錄正面③D2

🏠福岡市中央区天神2-2-43　🚉地下鐵機場線天神站6號出口步行4分　🕐流行服飾樓層10:00～21:00、餐飲樓層10:00～23:30（因店而異）　🈂不定期　Ⓟ有簽約停車場（收費※需洽詢）

1 1F也是知名的會面地點，有許多時髦的咖啡廳

駒屋

こまや

大名 / 購物

位在大名的紺屋町商店街角落，是創業於昭和6年（1931）的和菓子店。堅持使用北海道產紅豆等日本產食材，遵守古老手法所製作出來的樸素和菓子長期受到當地人的喜愛。

☎092-741-6488　MAP 附錄正面③C2

🏠福岡市中央区大名1-11-25　🚉地下鐵機場線天神站2號出口步行7分　🕐9:00～18:00（商品售完打烊）　🈂週日、假日不定期　Ⓟ無

1 最有人氣的是微甜的豆大福1個120日圓

ジョーキュウ醤油

じょーきゅうしょうゆ

大名 / 購物

創業於江戶時代，擁有160年歷史的醬油古早製造工廠。2015年3月，包括發酵倉與米倉、煙囪等7項建築物與位在北側的住宅都一同被登錄為國家的有形文化財。以傳統技術釀造而成的醬油口味，確實不同凡響。

☎092-741-5360　MAP 附錄正面③C2

🏠福岡市中央区大名1-12-15　🚉地下鐵機場線天神站2號出口步行10分　🕐9:00～18:00　🈂週日、假日（週六遇假日則營業）　Ⓟ無

1 博多大名本造り360ml 605日圓，可買來當伴手禮

天神・中洲川端周邊

TENJIN
NAKASUKAWABATA
SYUHEN

稚加榮本舖
ちかほんぽ

大名

購物

① 辛子明太子 つぶ出し

這兒販賣的明太子是以精選的原料製作出來的。同系列的日本料亭餐廳所調理出來的美味明太子很受好評。贈禮用的辣味明太子128g 1728日圓、以及去骨易入口的沙丁魚明太子3尾入1728日圓等，種類很多。

☎0120-174487(接聽:00〜20:00)
MAP 附錄正面③B2 🏠福岡市中央区大名2-2-19 🚇地下鐵機場線赤坂站4號出口步行5分 🕐9:00〜21:00 🈺無休 🅿有簽約停車場(收費 ※需洽詢)

① 顆粒裝つぶ出し辣味明太子 100g 864日圓

冷泉莊
れいぜんそう

上川端町

觀光景點

位在上川端商店街旁的復古樓房。建造於昭和30年代，現在已改名「RENOVATION MUSEUM冷泉莊」，成為一處傳遞新文化的據點。裡頭有各種領域的工房與店鋪，不時舉辦各種活動。

☎092-985-4562 MAP 附錄正面②D1 🏠福岡市博多区上川端町9-35 🚇地下鐵機場線中洲川端站5號出口步行3分 🕐🈺因店而異 🅿無

① 濃濃昭和氣息的復古建築物。左圖是位在A棟1F的貝果專賣店

東長寺
とうちょうじ

御供所町

觀光景點

開山始祖為弘法大師空海，為了祈求能讓真言密教在東方長久地流傳，而取了這個寺名。這是一間創立已有1200年以上歷史的寺院，也是福岡藩主黑田家的菩提寺，頗具盛名。每月28日會公開展示位在文化財六角堂內的6尊佛像。

☎092-291-4459 MAP 附錄正面②E1 🏠福岡市博多区御供所町2-4 🚇地下鐵機場線祇園站1號出口即到 💰免費參拜 🕐9:00〜16:45(17:00關門) 🈺無休 🅿20輛

① 福岡大佛據稱是日本最大的木造釋迦摩尼佛坐像。左圖的純木造五重塔，也千萬不能錯過

博多千年門
はかた せんねんのもん

博多站前

觀光景點

2014年建造的寺社町新地標，乃仿於文政4年（1821）編纂之筑前國地誌《筑前名所圖會》中描繪的「辻堂口門」而建。為了重視博多歷史、祈求未來千年的繁榮而命名。

☎092-431-3003(福岡市觀光服務處) MAP 附錄正面②E1 🏠福岡市博多区博多駅前1-29-9 🚇地下鐵機場線祇園站4號出口步行3分 🕐🈺🅿自由參觀 🅿無

① 高、寬8m的木造磚瓦門。左圖的匾額是由太宰府天滿宮的神官，西高辻所揮毫題字

観光景點

冷泉町

はかたまちや
ふるさとかん
「博多町家」
故鄉館

將明治中期的博多織業者民房兼工廠移建過來並加以修復而成，由「展示棟」、「町家棟」、「伴手禮處」等3棟所組成，介紹以明治、大正時期為主的博多日常生活與文化，也能在町家棟實際見到博多織的表演。

☎092-281-7761 MAP附錄正面②E1
🏠福岡市博多区冷泉町6-10 🚃地下鐵機場線祇園站2號出口步行5分 💴門票200日圓 🕐10:00～18:00（入館～17:30）休無休 P無

1 保有從前美好時代氣息的建築物，可以了解博多文化

観光景點

下川端町

はかたりばれいんもーる
ばい・たかしまや
博多 Riverain mall by
TAKASHIMAYA

2015年更改名稱重新盛大登場的博多Riverain mall。2樓新設了TAKASHIMAYA Kids Patio，是一處大人小孩都能同樂的人氣商業設施，除了可以血拼購物，也有許多道地美食餐廳。

☎092-271-5050 MAP附錄正面②D1
🏠福岡市博多区下川端町3-1 🚃直通地下鐵中洲川端站 🕐休視設施而異 P950輛（30分150日圓）

©FUKUFTN

1 聖誕節前後會點燈。左圖是在Mall裡的福岡麵包超人博物館（5、6F）

充滿多采多姿魅力的複合式商業設施主題是都市劇場

座落在福岡市中心的廣大地區，多達260家店鋪，還擁有2家大型高級飯店、劇場、電影院、餐廳，可說是集所有於一處的綜合娛樂大樓。外觀獨特的曲線設計很引人注目。

☎092-282-2525（資訊服務中心）
MAP附錄正面③G1
🏠福岡市博多区住吉1-2 🚃地下鐵機場線祇園站5號出口步行7分 🕐10:00～21:00（餐廳11:00～23:00※視餐廳、時期而異）休無休 P1300輛（收費※需洽詢）

住吉

さやなるうてらいはかた
博多
運河城

観光景點

1 建築物中央有一條全長約180m的運河流經。有造成話題的店鋪及人氣美食。左圖的知名噴水秀是必看景點

中洲川端周邊・春吉

NAKASUKAWABATA
SYUHEN・
HARUYOSHI

STANDARD SPOT CATALOG

西中洲 用餐

元祖 博多めんたい重
がんそ はかためんたいじゅう

追求極致的明太子料理店。招牌菜的「明太重箱」是在鋪滿海苔的飯上，放入一整條經過長時間醃製的昆布卷明太子。淋上滿滿的特製醬汁，得趁熱好好享用！

☎092-725-7220 MAP 附錄正面③E1
🏠福岡市中央区西中洲6-15 🚃地下鐵機場線中洲川端站1號出口步行5分 🕘9:00～翌日0:00 休無休 🪑60 🅿無

1 明太重箱1480日圓。左圖為餐廳內，即便獨自一人也能放鬆用餐

西中洲 咖啡廳

CAFE JACQUES MONOD
かふぇ じゃっく もの−

舊福岡縣公會堂貴賓館是國家指定重要文化財，現在已成為氣氛典雅的餐廳暨咖啡館，以法國料理為主的午餐與晚餐都受到好評。咖啡時段另提供飲料套餐，可享受一下午後的優雅時光。

☎092-724-8800 MAP 附錄正面③E1 🏠福岡市中央区西中洲6-29旧福岡県公会堂貴賓館1F🚃地下鐵機場線中洲川端站1號出口步行5分 🕘11:00～翌日0:00（咖啡、餐前酒時段為15:00～18:00）休無休 🪑32 🅿無

1 雅緻的餐廳。左圖是視季節而異的本日甜點550日圓

春吉 購物

柳橋連合市場
やなぎばしれんごういちば

1 有很多鮮魚店，可看到博多的山珍海味 **2** 甘栗200g 800日圓～ **3** 柳橋單片炸魚板漢堡300日圓（高松的蒲鉾）**4** 海鮮蓋飯670日圓（柳橋食堂）

充滿蕃福岡當季的美食
充滿活力的博多廚房

橫跨那珂川的橋樑旁是一條全長100m的拱型屋頂商店街，有鮮魚店、蔬菜水果店、和菓子店等約50家店舖，有「博多廚房」之稱，不僅受到一般客人歡迎，連專業料理達人也會造訪，是一處很熱鬧的市場。在市場裡買到的明太子特別不一樣。

☎092-761-5717 MAP 附錄正面③G4
🏠福岡市中央区春吉1-5-1 🚃地下鐵七隈線渡邊通站2號出口步行3分 🕘8:00～18:00（因店而異）休週日、假日 🅿無

STANDARD
SPOT
CATALOG

用餐　博多站前

元祖びかいち
がんそびかいち

以健康為取向的拉麵店。最吸引人的是使用養生食材所做出來的湯頭以及自製的麵條。推薦的是滿滿蔬菜的強棒麵與長崎香燴脆麵各750日圓。拉麵套餐（650日圓）的白飯可以換成同價格的雞肉飯或小魚乾飯。

☎092-441-3611　MAP 附錄正面②E2
🏠福岡市博多区博多駅前3-9-5チサンマンション1F　🍴JR博多站博多口步行5分　🕐11:00～19:00　休週日　座20　P無

1　拉麵530日圓，湯底是豚骨&雞骨，生意好到連平日中午也都大排長龍

用餐　博多站前

九州郷土料理わらび
きゅうしゅうきょうどりょうり わらび

這是一家將產地直送過來的食材發揮到極致的居酒屋，提供流傳在九州各地的郷土料理與名產料理。除了有福岡的水炊鍋與牛雜鍋外，也能品嘗到佐賀有明海料理、大分的雞肉天婦羅與炸雞、熊本的馬豬料理、鹿兒島的黑豬肉與土雞等。

☎092-481-1265　MAP 附錄正面②E2
🏠福岡市博多区博多駅前2-7-3　🍴JR博多站博多口步行5分　🕐11:30～14:00、17:00～翌日00:00（週六、日、假日17:00～22:00）　休不定期（需洽詢）　座48　P無

1　馬肉刺身1200日圓等。也能喝到九州才有的酒

用餐　博多站東

八仙閣本店
はっせんかく ほんてん

昭和42年（1967）開幕以來就成為福岡道地的中華料理店，廣受當地人喜愛。平日午餐時段在4F特設會場可吃到午餐限定的強棒麵（880日圓）等受歡迎的中華料理。

☎092-411-8000　MAP 附錄正面②F2
🏠福岡市博多区博多駅東2-7-27　🍴JR博多站筑紫口步行5分　🕐11:00～22:00　休無休　座最大350　P178輛（用餐者可享2～6小時免費）

1　北京風味辣醬炒蝦仁1800日圓一定要嘗嘗看

購物　博多站中央街

はかた・び
はかた・び

販賣許多以熊本最南端的人吉地方為主、傳承自江戶時代之木製玩具及來自九州的創作者作品。價格實惠，很適合買來送禮。蓮藕包（小）5184日圓與博多腔檔案夾356日圓等都是人氣商品。

☎092-481-3109　MAP 附錄正面②E2
🏠福岡市博多区博多駅中央街1-1JR博多城 1F　🍴直通JR博多站　🕐10:00～21:00　休無休　PJR博多城簽約停車場（收費&需洽詢）

1　熊本的郷土玩具雉子車（4號）822日圓，顏色鮮豔。JR九州商品也不能錯過

STANDARD
SPOT
CATALOG

1 每次去都能讓人盡
興而歸的巨蛋球場
2·3 王貞治棒球紀
念館。有可實際體
驗職業棒球投手球
速的投球機（門票
1000日圓）
4 販賣許多鷹隊週
邊商品的DUGOUT
YAFUOKU巨蛋店
5 暖手廣場上有許
多名人如王貞治
等，所留下的實際
大小手掌模型

福岡軟銀鷹隊的主場球場是一處充滿歡樂的景點

不僅可以觀看球賽，也能參加Yafuoku巨蛋導覽（收費），進到平常無法看見的巨蛋內部參觀，感受棒球的魅力及王貞治的偉績，就算不是粉絲也能盡興。

☎092-847-1006 MAP附錄正面①C2
福岡市中央区地行浜2-2-2 地下下鐵機場線唐人町站3號出口步行12分。或從博多巴士總站搭乘西鐵巴士306路18分，在ヤフオクドーム前站下車即到 視設施而異 約1700輛（1小時300日圓。棒球、演唱會期間1次2000日圓）

観光景點
ふくおかや・ふおくーどーむ

福岡 Yafuoku !!巨蛋

114

Bayside Place 博多

べいさいどぷれいすはかた

👆 觀光景點

玩上一整天都不會膩
博多埠頭的超大型購物中心

位在福岡海上入口的綜合娛樂設施，有渡船往來海之中道。購物中心內有新鮮海產豐富的「灣岸市場」以及餐廳、溫泉設施等。

☎092-281-7701　MAP附錄正面①C2
🏠福岡市博多区築港本町13-6　🚌從博多站前E上車處搭乘西鐵巴士99路17分、在博多ふ頭站下車即到　🕐10:00～翌日1:00(因店而異)　🈺無休(因店而異)　🅿293輛(7:00～22:00第1小時200日圓，之後每30分100日圓。22:00～翌日7:00第1小時200日圓，之後每60分100日圓)

1 博多港的地標博多港塔。可免費進入享受360度廣角景觀
2 位在博多埠頭，海風很舒服的超大型購物中心。左圖為溫泉設施「波葉之湯」

海之中道

うみのなかみち

👆 觀光景點

位在通往志賀島的沙洲上，是一處擁有豐富大自然的休憩地區

大海壞繞的休憩地區上有一座水族館和公園。海之中道海濱公園種滿各種季節花卉，也能跟動物親近。擁有450種共3萬隻海洋生物的海洋世界海之中道也很值得一遊。

1.2 綻放著季節花卉的海之中道海濱公園。動物之森飼養著約50種動物　3 海洋世界海之中道的海豚秀千萬不能錯過

海之中道海濱公園　☎092-603-1111
MAP附錄正面①C1　🏠福岡市東区西戸崎18-25　🚃JR海之中道站下車即到　💴門票410日圓　🕐9:30～17:30(11～2月～17:00)※游泳池營業期間及舉辦活動時會有變動　🈺2月的第1週一、週二　🅿3100輛(1日520日圓)

海洋世界海之中道
☎092-603-0400　MAP附錄正面①C1　🏠福岡市東区西戸崎18-28　🚃JR海之中道站步行5分　💴門票2160日圓　🕐9:30～17:30(入館～16:30)※視季節而異　🈺2月的第1週一、週二　🅿400輛(1日520日圓)

STANDARD SPOT CATALOG

福岡塔
ふくおかたわー
観光景點

**福岡的地標
360度的全景絕景！**

1989年「亞洲太平洋博覽會」的紀念碑。高234m，從1F搭乘電梯約70秒就能抵達最頂樓（123m）的展望室，可在此欣賞美景。

☎092-823-0234 MAP附錄正面①C2
🏠福岡市早良区百道浜2-3-26 🚌從博多巴士總站搭乘西鐵巴士306路25分，在福岡タワー（TNC放送會館）下車即到 💴免費入館（展望室800日圓）🕐9:30～22:00（閉館前30分鐘得入館，視活動而異）🚫6月最後的週一、週二 🅿88輛（進入展望室參觀的遊客可享2小時免費）

1 座落在濱海地區。從展望室望去，北邊是遼闊的玄界灘，東邊還能看見機場

福岡市博物館
ふくおかしはくぶつかん
観光景點

介紹福岡市文化發展軌跡的市立博物館。常設展示室裡展出教科書中也出現的國寶金印等，可說是自古以來便與中國交流頻繁的福岡非常珍貴的資料。附設體驗學習室及咖啡廳。

☎092-845-5011 MAP附錄正面①C2 🏠福岡市早良区百道浜3-1-1 🚌福岡タワー巴士站（TNC放送會館）下車即到 💴常設展200日圓 🕐9:30～17:30（入館～17:00）🚫週一（逢假日則翌平日休）🅿250輛

1 黑田紀念室也不容錯過。左圖乃國寶金印「漢委奴國王」

海濱百道海濱公園
しーさいどももちかいひんこうえん
観光景點

湛藍大海上的美麗人工白沙灘。園內的「MARIZON」有餐廳和咖啡廳，也有可以外帶的飲料和冰淇淋店，夏天總是聚集了許多玩水及進行沙灘活動的人潮。

☎092-822-8141 MAP附錄正面①C2 🏠福岡市早良区百道浜2-902-1 🚌福岡タワー巴士站（TNC放送會館）步行3分 💴免費進入 🅿345輛（2小時300日圓。7:00～23:00）

1 海風吹拂很舒服。左圖是MARIZON內的café＆Restaurant THE BEACH Marizon

志賀島

しかのしま

☞ 観光景點

**因發現金印而聞名
的休閒度假島嶼**

一圈約11km，與海之中道相連的島嶼。從博多埠頭搭乘市營渡船33分，海上交通也很方便。島上有特產品種類豐富的「志賀島センター 島の幸」，也有可一邊眺望玄界灘一邊享受泡湯樂的「休暇村志賀島金印之湯」等，都很有人氣。

1 金印之湯的露天溫泉 2 從潮見公園的展望台可將島嶼一覽無遺 3·4 超人氣的小呂島しまごはん各540日圓、水煮蠑螺（附沾醬）500日圓

志賀島センター 島の幸 ☎092-603-6631
MAP附錄正面①B1 福岡市東區勝馬1803-1 從地下鐵機場線天神站11號出口前的天神中央郵便局前巴士站搭乘西鐵巴士21路1小時6分，在西戶崎站前巴士站下車後，再從車站轉搭西鐵巴士GREEN 29分，在休暇村志賀島站下車即到 泡湯600日圓 不住宿純泡湯11:00～15:00（～14:00進入）第3週二、維修日 100輛

志賀島中心島之幸 ☎092-603-2411
MAP附錄正面①B1 福岡市東區志賀島411-3 從天神中央郵便局前巴士站搭乘西鐵巴士21路1小時15分，在志賀島站下車即到 10:00～17:00 不定期 30輛

能古島

のこのしま

☞ 観光景點

**搭乘渡船約10分鐘便能抵達
充滿度假氣息的小島**

漂浮在博多灣上的度假小島。四季美麗花朵盛開的「能古島自然公園」有完善的住宿設施與BBQ餐廳。除了有知名的能古漢堡，販賣著島上蔬菜與水果、特產品的「能古市場」也是人氣景點。

1·2 能古島自然公園一整片都是七彩繽紛的花田 3·4 能古市場推薦的是能古漢堡486日圓、能古島蘇打各210日圓

志賀島センター 島の幸 ☎092-881-2494
MAP附錄正面①B1 福岡市西區能古島 從博多巴士總站搭乘西鐵巴士往能古渡船場（姪濱）40分、在終點站下車後再轉搭福岡市營渡船10分。下船後，從能古旅客候船所搭乘往能古島アイランドパーク之西鐵巴士15分，在終點站下車即到 門票1000日圓 9:00～17:30（週日、假日～18:30）無休 姪濱渡船場300輛

能古市場 ☎092-881-2013 MAP附錄正面①B2 福岡市西區能古457-16 能古島旅客候船所即到 8:30～17:30（冬季9:00～17:00）無休 無

GOOD
價格可愛 & 安心的住宿指南
TO SLEEP

ぷらざほてる ぷるみえ
Plaza Hotel Premier

飯店位在十分熱鬧的天神西側大名一帶，附近居酒屋及酒吧林立。女性專屬客房、禁菸客房等多樣化的客房設計為其特色。

☎092-734-7600 MAP附錄正面③C2
🏠福岡市中央区大名1-14-13 🚶地下鐵機場線天神站2號出口步行7分 Ⓥ單人房8100日圓～、雙床房1萬5500日圓 �Ⓝ IN15:00／OUT11:00 Ⓟ7輛(1晚1600日圓)

りっちもんどほてるふくおかてんじん
Richmond Hotel Fukuoka Tenjin

附近有福岡三越(→P108)與大丸福岡天神店等百貨公司，餐飲店也非常多。福岡知名的屋台街就在徒步圈內。欲前往福岡Yafuoku！巨蛋(→P114)、太宰府天滿宮(→P122)等地的交通也都非常方便。

☎092-739-2055 MAP附錄正面③E2
🏠福岡市中央区渡辺通4-8-25 🚶地下鐵機場線天神站西12C出口步行10分 Ⓥ單人房8500日圓～、雙床房1萬5000日圓～ Ⓝ IN14:00／OUT11:00 Ⓟ32輛(1晚1500日圓)

ほてるてんじんぷれいす
HOTEL TENJIN PLACE

位在聚集了餐廳、商店、辦公室、公寓等充滿廣場氣息的商業複合大樓內，非常適合天神觀光。所有的房型都有附早餐。

☎092-733-1234 MAP附錄正面③D3
🏠福岡市中央区今泉1-2-23 🚶地下鐵機場線天神站西12C出口步行5分 Ⓥ單人房7700日圓～、雙床房1萬6400日圓～ Ⓝ IN15:00／OUT11:00 Ⓟ153輛(1晚1200日圓)

ほてるふぉるつぁはかた
HOTEL FORZA HAKATA

博多站就在眼前，可說是位在最便利的地點，而且只要進入飯店，馬上就能從喧囂的都會進入一個完全不同的幽靜空間。所有客房全面禁菸，且採用席夢思床墊，保證讓房客能一夜好眠。客房內的各種用品也很齊全。

☎092-473-7111 MAP附錄正面②F2
🏠福岡市博多区博多駅中央街4-16 🚶JR博多站筑紫口即到 Ⓥ單人房1萬日圓～、雙床房22000日圓～ Ⓝ IN14:00／OUT11:00 Ⓟ有簽約停車場(1晚1500日圓)

はかたぐりーんほてるあねっくす
Hakata Green Hotel Annex

飯店追求的是更寬廣、更安全的理念。使用卡片鑰匙讓安全得到全面保障。所有客房都安裝了免費WI-FI，可置身在完善的無線網路環境，動畫也更加流暢。具備機能性且沉穩的客房全部都備有加濕空氣清淨機。

☎092-451-4112 MAP附錄正面②F2
🏠福岡市博多区博多駅中央街4-32 🚶JR博多站筑紫口即到 Ⓥ單人房9000日圓～、雙床房14800日圓～ Ⓝ IN13:00／OUT12:00 Ⓟ84輛(1晚1500日圓)

でゅーくすほてるはかた
DUKES HOTEL HAKATA

從博多站前步行2分鐘便能到達的飯店，地理位置絕佳，不只商務客，對想觀光、購物的旅客來說都非常合適。古董風格家具裝飾的優雅空間，寬慰了旅途的疲憊。

☎092-472-1800 MAP附錄正面②E2
🏠福岡市博多区博多駅前2-3-9 🚶JR博多站博多口即到 Ⓥ單人房9180日圓～、雙床房16200日圓～ Ⓝ IN15:00／OUT11:00 Ⓟ有簽約停車場(17小時1500日圓)

天然温泉 袖湊の湯 Dormy Inn Premium Hakata canal city mae
天然温泉 袖湊の湯 dormy inn PREMIUM 博多・キャナルシティ前

離博多運河城很近，擁有溫泉大浴場的飯店。早上可以在超人氣的溫泉中享受檜木風呂泡湯樂。每天晚上餐廳還會提供免費的醬油拉麵當宵夜。

☎092-272-5489 MAP附錄正面③H1
🏠福岡市博多区祇園町9-1 🚶JR博多站博多口步行10分，或搭乘100日圓循環巴士・天神Liner在キャナルイーストビル前巴士站下車即到 Ⓥ單人房8490日圓～、雙床房13990日圓～ Ⓝ IN15:00(最慢翌日0:00)／OUT11:00 Ⓟ26輛(1晚1800日圓)

mytrip
+more!

更多想去的地方 · 想做的事情

如果時間允許,請務必加入行程安排的區域,
景點介紹,在此一併附上。

> ## 旅行一點靈

太宰府 だざいふ

從西鐵福岡(天神)站的宮乘電車
約30分。如果只參觀太宰府天
滿宮與九州國立博物館,約3~
4小時就足夠了。

門司港 もじこう

景點大部分位在門司港站的徒步
區。包含從JR博多站出發的來
回時間,觀光約需6小時。

柳川 やながわ

遊船下船處附近有許多景點。搭
乘遊船後,可以走回車站的同時
順便觀光。

唐津 · 呼子 からつ · よぶこ

從地下鐵博多站搭乘快速電車前
往唐津約1小時10分。唐津城與
唐津燒店鋪、窯廠觀光皆在徒步
圈內。欲前往呼子可從JR唐津
站步行5分至大手口巴士中心,
搭乘巴士約30分。

詳細交通資訊 →P134

繼續前往太宰府天滿宮
到有許多伴手禮可挑選的參道散步

從人氣伴手禮到可稍事休憩的景點，
太宰府天滿宮的參道上有好多充滿魅力的店鋪！

COMMENTED BY 山下美穗 EDITOR

沿著參道前進，會到達祭祀學問之神菅原道真的太宰府天滿宮

だざいふ
太宰府

從前規劃了「大宰府」的歷史觀光都市

天智3年（664），由大和政權成立了「大宰府」做為九州地區的行政機關，之後便成為500年來的政治、經濟、外交中心。市內保存了許多史跡，當中最吸引觀光客的就是太宰府天滿宮。前往天滿宮的參道上有許多伴手禮店以及餐飲店，常見大量的參拜者熱鬧非凡。

☎092-925-1880 太宰府市觀光服務處（太宰府觀光協會）MAP 附錄正面④ ‼西鐵福岡（天神）站搭乘西鐵天神大牟田線特急14分，在西鐵二日市站下車，轉搭西鐵太宰府線5分，在太宰府站下車

是這樣的地方

Start

西鐵太宰府站

ばいえんかしどころ
梅園菓子処

創業以來一直持續製作著太宰府名點的和菓子店。內附幸運符，超人氣的「鷽之餅」是包了紫蘇葉餡的紫蘇口味麻糬，裡頭有天神的御神鳥——鷽鳥民藝品。

1 製作的是天滿宮御用菓子及皇室賢所用的進貢菓子（寶滿山）等 2 鷽之餅（小）1盒740日圓，帶有紫蘇香味與上等甜味

☎092-922-4058
MAP 附錄正面④A2 ▲太宰府市宰府2-6-16 ‼西鐵太宰府站即到 ◯8:30～18:00 ◯無休（1月8日、8月17～20日休息）◯2輛

② だいふさんどう てんざん
太宰府參道天山

這家店最知名的是仿從大宰府政廳遺跡出土之鬼瓦做成的最中。手工烤出來的外皮酥脆芳香，裡頭包了滿滿的自製紅豆顆粒餡。除了有白、黑、八女茶餡外，另外也有包了麻糬的合格最中。

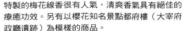

1 鬼瓦最中1個220日圓～260日圓。冰淇淋館1個300日圓 2 使用十盛產紅豆，是間對食材很講究的店

☎0120-10-3015 MAP 附錄正面④A2
🏠太宰府市宰府2-7-12 🚃西鐵太宰府站即到
🕐8:30～17:30 🈺不定期 🅿無

③ ぎゃらりふう
ぎゃらり楓

特製的梅花線香很有人氣，清爽香氣具有絕佳的療癒功效。另外以櫻花知名景點都府樓（大宰府政廳遺跡）為模樣的商品。

1 以日式雜貨為主，有許多梅花模樣商品 2 梅香線香540日圓，可與香盤（650日圓）一起買來當伴手禮

☎092-920-2332
MAP 附錄正面④A2
🏠太宰府市宰府2-7-15 🚃西鐵太宰府站步行3分
🕐10:00～17:00 🈺不定期
🅿無

④ ふくとみ だいふてん
ふく富 太宰府店

招牌商品乃博多最具代表性的拌飯鬆「梅香羊栖菜」，這是一種屬於半熟狀態的鬆軟口感拌飯鬆，無添加色素的日本產梅子口感以及紫蘇香味、羊栖菜風味都與熱騰騰的白飯非常搭配。

☎092-928-5152
MAP 附錄正面④A2 🏠太宰府市宰府3-2-61 🚃西鐵太宰府站步行3分 🕐9:00～18:00 🈺無休
🅿無

1 梅香羊栖菜1盒150g 756日圓。另外也有使用日本產鱈魚卵做成的明太子、伴手禮拉麵等商品

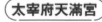

Goal
太宰府天滿宮

⑤ さぼうきくち
茶房きくち

梅枝餅的名店。選用十盛產紅豆當中又屬上等品質的「雅」系列來自製紅豆餡，燒烤時使用的油也經過精挑細選，嚴選食材所做出來的梅枝餅，無論外皮還是內餡都美味到無從挑剔。

1 梅枝餅1個120日圓。現烤後急速冷凍外帶用5個入600日圓、10個入1200日圓 2 2F有內用喫茶空間

☎092-923-3792 MAP 附錄正面④A2
🏠太宰府市宰府2-7-28 🚃西鐵太宰府站步行4分 🕐8:30～17:30（週六、日、假日～18:00）※喫茶營業至關門前30分
🈺週四（逢假日或1、25日則週三休）🈂40 🅿3輛

九州國立博物館 P.123

天滿宮的總本宮
前往太宰府天滿宮參拜

提到太宰府的觀光重鎮，馬上想到的就是太宰府天滿宮。
佔地內有許多楠木和季節花卉，光是走在這兒就讓人覺得神清氣爽。

COMMENTED BY　遠藤サツキ　WRITER

太宰府天滿宮為太宰府的主要觀光景點，祭祀菅原道真公，祈求金榜題名與消災除厄。面對本殿的右側有一棵梅樹，傳說是為了追隨道真公而從京都飛花了一晚飛過來的「飛梅」，每年2月前來參拜的觀光客可欣賞到盛開的梅花。

だざいふてんまんぐう
太宰府天滿宮

雄偉壯觀的建築式樣值得一看
擁有約1100年歷史的學問之神

全日本約達1萬2000家天滿宮的總本宮。這裡祭祀的是平安時代的貴族，也是學者、政治家的菅原道真公，延喜元年（901）因政治謀略遭左遷至此並抑鬱而終。太宰府天滿宮的起源就是為了悼念他的亡靈而興建的。年少時期便飽讀詩書的道真公有「學問之神」稱謂而廣為人知，日本各地前來參拜的人絡繹不絕。

參觀時間約
60分

☎092-922-8225　MAP 附錄正面④A1
🏠太宰府市宰府4-7-1　🚶西鐵太宰府站步行5分　自由參觀 ※樓門內6:30～19:00（視季節而異，12月31日～1月3日晝夜開放）🅿1000輛（1次500日圓）

與道真公有淵源的御神牛。據說只要撫摸牛頭就能增長智慧

CHECK POINT

ほんでん
本殿

道真公逝世於延喜3年（903），為了將遺體運送到平安都而使用牛車，但途中牛隻突然坐下來不願移動，眾人認為這是道真公冥冥之中的心願而將此處做為墓地，並在上頭建造了本殿。壯觀又雄偉的建築式樣已被指定為國家重要文化財。

たいこばし・ひらばし
太鼓橋、平橋

橫跨在心字池上的3座橋樑，分別是鼓橋、平橋、太鼓橋，各代表過去、現在、未來。據說只要走過橋樑就能淨化身心。

ろうもん
樓門

大正3年（1914）重建的鮮豔朱紅色樓門。前往本殿時，外觀豔過去是檜皮葺式樣的二重屋頂，回程時看到的則是一重屋頂，正反面構造不同，是很有人氣的拍照留念景點。

PLUS MORE
再玩遠一些

きゅうしゅうこくりつはくぶつかん
九州國立博物館

主題為「從亞洲史觀點來探討日本文化的形成」，因此主要介紹日本與亞洲各國的文化交流歷史。最吸引人的地方是不只用眼睛「看」，而是可以透過「觸覺」、「嗅覺」等五官的運用來學習。館內志工人員眾多。

☎050-5542-8600（Hello Dial語音服務） 附錄正面④B2 ☗太宰府市石坂4-7-2 ♥從西鐵太宰府站步行10分 文化交流展示室導覽430日圓（特別展另計） 9:30～17:00（入館～16:30） 週一（逢假日、假日補假則翌日休） 313輛（1次500日圓）

ほうまんぐうかまどじんじゃ
寶滿宮竈門神社

坐鎮在寶滿山山麓，擁有1350年以上歷史的神社。古時候要設置大宰府政廳之際，據說曾進行過除鬼門的祭祀儀式。祭拜的是求姻緣的神明玉依姬命，因此除了前來本殿參拜之外，也可求願＆戀愛占卜。

☎092-922-4106 附錄正面①D3 ☗太宰府市內山883 ♥西鐵太宰府站搭乘往內山方向的社區巴士「まほろば号」7分，終點站下車即到 自由參觀（御守販賣處8：00～19：00） 約100輛（1次400日圓）

洋溢著大正浪漫氣息的港町
到門司港參觀復古洋樓

門司港有許多明治～大正時期建造的洋樓。
從車站步行約15分便能參觀主要建築物，可體驗沉浸在異國情調的感覺。

COMMENTED BY 山下さやか WRITER

大正6年（1917）建的舊大阪商船（ MAP 附錄正面⑥A1），曾經是關門第一高，兼具燈塔的作用。

もじこう
門司港

明治22年（1889）開港以來
便做為國際貿易港而興盛的港町

門司港座落在九州的最北端。開港當時便成為海外貿易的重要港口，每月有200艘船隻入港，1年高達600萬人次旅客進出，可說是熱鬧非凡。現在已整修成為門司港懷舊區，附近有不少明治～大正時期的洋樓，讓當年美好時代的氣息傳承至今。

☎093-321-4151（門司港懷舊區綜合服務處）
MAP 附錄正面⑥ JR博多站搭乘JR鹿兒島本線快速、準快速約1小時30分、在門司港站下車

是這樣的地方

JR 門司港站

①

もじこうれとろけんちくぐん
門司港懷舊區建築群

門司港懷舊區有許多已經過修建、復原的洋樓，這些主要建築物都集中在從JR門司港站步行15分的範圍內。這些反映著時代最尖端的建築式樣都是不能錯過的景點。

1 紅磚瓦建築的舊門司稅關（ MAP 附錄正面⑥B1）2 舊門司三井俱樂部（ MAP 附錄正面⑥B1）

☎093-321-4151（門司港懷舊區綜合服務處）
MAP 附錄正面⑥A、B1 北九州市門司區 JR門司港站步行圈內 需洽詢 門司港懷舊區停車場（1小時200日圓）

② もじこうれとろてんぼうしつ
門司港懷舊區展望室

由日本具代表性的建築家黑川紀章所設計。從高103m的展望室可俯看到關門海峽以及眼前的門司港懷舊區街景。

1 可搭乘透明電梯前往展望室 2 從展望室望出去，連對岸的山口縣下關市都一覽無遺

☎093-321-4151
（門司港懷舊區綜合服務處）
MAP 附錄正面⑥B1 ■北九州市門司区東港町1-32 ‼JR門司港站步行5分 ♥門票300日圓 ●10:00～22:00（入館～21:30） ⦿1年4次不定期 ℗門司港懷舊區停車場（1小時200日圓）

③ ようぜんさぼう にしき
洋膳茶房 にしき

咖哩焗烤飯是開店以來的招牌菜，裡頭除了有未使用農藥的10種以上蔬菜，還加入了大豆、昆布、炸麻糬等，非常豐盛。

1 已營業40年以上的西式料理與喫茶餐廳 2 咖哩焗烤飯套餐（1510日圓）附季節甜點與咖啡

☎093-321-2602 **MAP** 附錄正面⑤B1
■北九州市門司区港町2-17 ‼JR門司港站步行5分 ●12:00～14:00LO、17:30～19:30LO ⦿週一（逢假日則營業） ⦾25 ℗2輛

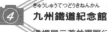

④ きゅうしゅうてつどうきねんかん
九州鐵道紀念館

這裡展示著曾實際行駛在九州的歷代著名的車廂，可看到巨大的鐵道模型與實際的車頭標誌等珍貴鐵道文化遺產，也會舉辦特別展覽。

☎093-322-1006 **MAP** 附錄正面⑥A2
■北九州市門司区清滝2-3-29 ‼JR門司港站步行3分 ♥門票300日圓 ●9:00～17:00（入館～16:30） ⦿第2個週三（8月無休）、7月第2週三、週四（逢假日則翌日休） ℗市營停車場50輛（1小時200日圓）

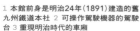

1 本館前身是明治24年（1891）建造的舊九州鐵道本社 2 可操作駕駛機器的駕駛台 3 重現明治時代的車廂

Goal
JR門司港站

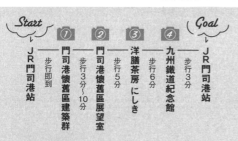

讓緩緩流逝的時間療癒身心
悠閒地散步在水鄉柳川

保有城下町風情的柳川讓人覺得連時間都過得很緩慢。
在此搭乘遊船沿著水渠一路欣賞美麗的庭園，度過一段悠閒的時光。

COMMENTED BY 秋元靜華 WRITER

搭乘遊船行經柳川藩主的立花宅邸，週遭
的樹木更顯翠綠動人

やながわ
柳川

與北原白秋關係深遠的
美麗的城下町水鄉

柳川位在筑後川河口，縱橫市街的柳川城水路
兩旁林立著白牆與紅磚瓦倉庫，至今仍保留著
以往的水鄉景觀。由柳川藩主（立花氏）治理
下的美麗城下町文人輩出，如北原白秋等，來
到這兒，推薦搭乘緩慢前進的柳川遊船進行觀
光。柳川最具代表性的蒸籠鰻魚飯更是一道不
能錯過的知名美食。

☎0944-74-0891（柳川市觀光服務處）**MAP** 附錄正面⑤
¶¶ 從西鐵福岡（天神）站搭乘西鐵天神大牟田線特急48
分，在西鐵柳川站下車

是這樣
的地方

Start

西鐵柳川站

おほりめぐり
お堀めぐり

搭乘遊船悠閒地環繞柳川市街，
進行約70分鐘的水上散步。聽
著船伕的介紹，一路欣賞沿途的
觀光名勝與風景。垂柳與美麗花
朵為城下町風情增添許多色彩。

1 明治後期的紅磚瓦倉庫

☎0944-74-0891（柳川市觀光
服務處）**MAP** 附錄正面⑤B2 **🚶**
從西鐵柳川站步行5～10分的範
圍內有5處乘船所 **💰**1500～
1600日圓（視船公司而異）
🕐9:00～日落（視船公司而異）
🚫天候不佳時（需洽詢）**🅿**各乘
船所都有

2 北原白秋生家‧紀念館

きたはらはくしゅう せいか‧きねんかん

出身柳川的詩人——北原白秋老家經過修復後，展示著一些年少時期的隨筆與著作等文物。紀念館則是介紹白秋詩集與柳川。

1 明治時期的建築物經過修復後的樣貌。海鼠壁白牆非常美麗 2 白秋的老家從前是釀酒業者

☎0944-72-6773　MAP 附錄正面⑤A2
🏠柳川市沖端町55-1　🚌從西鐵柳川站搭乘往早津江方向的西鐵巴士10分，在御花前站下車，步行5分　💴門票500日圓　🕘9:00～17:00　休無休　🅿市營停車場(1小時免費)

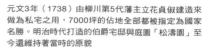

3 柳川藩主立花邸 御花

やながわはんしゅたちばなてい おはな

元文3年（1738）由柳川第5代藩主立花貞俶建造來做為私宅之用，7000坪的佔地全部都被指定為國家名勝。明治時代打造的伯爵宅邸與庭園「松濤園」至今還維持著當時的原貌

1 大廳約有100張榻榻米之大，也能做為能劇舞台表演之用
2 以水池當做大海；石塊當做島嶼造景而成的松濤園

☎0944-73-2189　MAP 附錄正面⑤A2
🏠柳川市新外町1　🚌御花前巴士站步行3分　💴門票500日圓　🕘9:00～18:00　休無休　🅿簽約停車場50輛(1天500日圓)

4 からたち 文人的足湯

からたちぶんじんのあしゆ

可在柳川湧出的天然溫泉享受足湯樂趣。展示牆面上介紹著北原白秋等一些與柳川有淵源的文人照片與作品。走累了可以來這兒泡個腳，放鬆一下身心。

1 可得知一些與柳川有關的文人們生平事蹟 2 設有屋頂，就算下雨也不減興致

☎0944-73-8111(柳川市觀光課)
MAP 附錄正面⑤B2　🏠柳川市弥四郎町9　🚌從西鐵柳川站搭乘往かんぽの宿柳川方向的崛川巴士15分，在終點站下車即到　💴免費　🕘10:00～18:00　休不定期　🅿16輛

Goal

西鐵柳川站

5 元祖本吉屋

がんそもとよしや

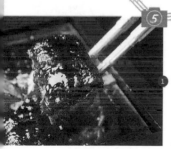

創業於天和元年（1681），乃研發出蒸籠鰻魚飯的老店。反覆沾抹秘傳醬汁，用炭火慢烤而成的鰻魚再以蒸籠蒸煮出豐潤的好味道。

1 蒸籠鰻魚飯（附鰻魚肝湯、醃漬醬菜）3500日圓。秘傳的熟成醬汁非常美味 2 品嘗美食時還可欣賞美麗的庭園

☎0944-72-6155　MAP 附錄正面⑤C1
🏠柳川市旭町69　🚌西鐵柳川站步行12分　🕘10:30～21:00　休第2、4週一（逢假日則翌日休）　🅿80　🅿30輛

Start

西鐵柳川站	① 遊船（乘船所）	② 北原白秋生家‧記念館	③ 柳川藩主立花邸 御花	④ からたち 文人的足湯	⑤ 元祖本吉屋

步行5～10分　搭船約70分，從下船處步行3分　步行3分　步行5分　步行27分　步行12分

Goal 西鐵柳川站

街道歷史與唐津燒充滿魅力
散步在海邊的城下町唐津

面對大海的唐津不僅有迷人的自然景觀，也有許多值得參觀的歷史景點。

簡樸風格的唐津燒非常有名，可找找看有沒有喜歡的喔！

COMMENTED BY 藤井ミサ WRITER

現在的唐津城天守閣是昭和41年
（1966）修復後的樣子是

からつ
唐津

是這樣
的地方

唐津燒的故鄉與
受到唐津城守護的城下町

這裡是位在九州西北部，面對玄界灘美麗大海的城下町。自古以來與中國之間交易頻繁興盛，市內至今仍保存著許多歷史建築物。唐津灣沿岸的名勝虹之松原，以及漂浮在大海上的7個小島等，優美景觀充滿吸引力。有「一樂二荻三唐津」之稱，自古以來深受茶人士喜愛的唐津燒也非常聞名，市內有多處燒窯廠。

☎0955-74-3355（唐津觀光協會） MAP 附錄背面⑦
🚇從博多站搭乘地下鐵機場線往西唐津方向（直通JR筑肥線）約1小時25分、在唐津站下車

Start

JR唐津站

① ①

からつじょう
唐津城

花了7年的歲月於慶長13年（1608）築城。從天守閣最頂樓可360度望見唐津市區以及名勝虹之松原全景。天守閣1～3F展示著武器與古唐津等史料。

1 吉祥物唐汪君與舞鶴君 2 從天守閣眺望出去的美景

☎0955-72-5697
MAP 附錄背面⑦ B1 🏯唐津市東城內8-1 🚇JR唐津站北口步行20分 🎫門票410日圓 🕘9:00～17:00（入館～16:40） 🈺無休 🅿170輛台（1小時100日圓～）

きゅうたかとりてい
舊高取邸

有「肥前煤礦王」之稱的高取伊好之舊宅邸。占地約2300坪，有起居棟及大廳棟。凝聚工匠藝術的杉木拉門畫與欄間浮雕、以及和式座的能劇舞台等都十分有看頭。

1 伊好所打造的能劇舞台。他本身很熱愛能劇，據說還會親自上舞台表演 2 被指定為國家重要文化財

☎0955-75-0289 MAP 附錄背面⑦A1
🏠唐津市北城内5-40 🚉JR唐津站北口步行15分 💴門票510日圓 ⏰9:30～17:00（入館～16:30）🈲週一（逢假日則翌日休）🅿88輛（入館參觀享1小時免費）

ひきやまてんじじょう
曳山展示場

展示的是在唐津最大祭典「唐津宮日節」中繞行市區的神輿曳山。用數百張和紙黏上去後，再塗上金銀色漆製作而成的曳山真可說是藝術品。

1 賣店有販賣唐津宮日的相關商品。曳山口香糖1個400日圓～ 2 一共有14台高約7m，重達2～3t的曳山

☎0955-73-4361 MAP 附錄背面⑦A1
🏠唐津市西城内6-33 🚉JR唐津站北口步行10分 💴門票300日圓 ⏰9:00～17:00 🈲12月的第1週二、週三 🅿26輛

きゅうからつぎんこう
舊唐津銀行

由唐津出身的建築家辰野金吾所設計之建築物。1997年卸下銀行的任務，現在已還原為創建當時的面貌。位在地下室的「唐津迎賓館」可品嘗到名廚吉野好宏的料理。

1 有著美麗裝飾天井的迎賓室 2 明治45年（1912）建造。1F的木製吧檯與格子窗也都修復成原貌

☎0955-70-1717
MAP 附錄背面⑦A1 🏠唐津市本町1513-15 🚉JR唐津站北口步行10分 💴免費參觀 ⏰9:00～18:00 🈲無休 🅿19輛

Goal

JR唐津站

どうふりょうりかわしま
豆腐料理かわしま

創業於江戶時代的豆腐料理店。採預約制，可品嘗到豆腐全餐料理。有如起司般口感濃厚的原味豆腐、以及吃得出甜味的油豆腐都是人間美味。

1 豆腐料理全餐1620日圓～。餐具是來自隆太窯（→P130，中里隆的作品 2 也曾獻給唐津藩主

☎0955-72-2423 MAP 附錄背面⑦A1
🏠唐津市京町1775 🚉JR唐津站北口步行3分 ⏰1天4回預約制（17:30～宴席料理）🈲週日 🅿10 🅿無

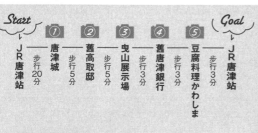

尋找日常生活用品之美
參觀唐津燒的名窯、名店

唐津燒已經擁有400年的歷史，愛茶人士也深深喜愛。
現在市區內還有約70家的燒窯廠，可參觀充滿特色的名窯名品。

COMMENTED BY 內山レイナ WRITER

りゅうたがま
隆太窯

唐津燒代表性作家之一的中里隆與其長子太
龜氏的燒窯。在自然豐富的陶房裡孕育出來
的作品都是傳統中導入自由創意而成的極
品。使用繪唐津及粉引、三島等多種技法，
作風多采多姿，做成的日用食器讓料理更顯
美味，廣受好評。當中又以不使用釉藥燒製
而成的唐津南蠻特別吸引眾人目光。

☎0955-74-3503 〔MAP〕附錄背面⑨E5
🏠唐津市見借4333-1 🚉JR唐津站南口搭車15分
🕐9:00～17:00 🈷週三，11月3、4日 🅿5輛

1 三島馬上杯7560日圓 2 燒窯廠位在市區外的山谷
裡。可在大自然環繞的畫廊挑選商品 3 說不定能遇見
製陶中的太龜先生

なかざとたろうえもんとうぼう
中里太郎右衛門陶房

曾擔任舊唐津藩的御用窯，約有400年歷史
的傳統名門燒窯。第12代因復興了古唐津
的陶藝技法，因而被列為人間國寶。不斷創
作具有高度藝術性的作品，現在由第14代
中里太郎右衛門堅守傳統技法創造出各種新
作品。

☎0955-72-8171 〔MAP〕附錄背面⑦A2
🏠唐津市町田3-6-29 🚉JR唐津站南口步行5分
🕐9:00～17:30 🈷無休 🅿7輛

1 簡樸卻充滿力道的繪唐津杯。1個5400日圓 2 附設畫
廊裡陳列著許多第13代與現在第14代充滿厚重感的作
品 3 御用窯當時曾使用過的登窯已成為國家指定史跡

あや窯
あやがま

拜師於人間國寶井上萬二，51歲才成為陶藝家的中里文子之燒窯廠。附設的「展示廳－淡如庵」有許多以季節花草和鳥為主題，充滿女性作家優雅氣息的食器。1F另有介紹唐津燒歷史的「古唐津mini mini資料館」。

1 以女性視點創作出來的日用食器非常實用，用久了也不會膩的設計獨具魅力 2 繡球花8吋盤1萬6200日圓

☎0955-72-5709 MAP附錄背面⑦A2
🏠唐津市町田5-7-7 🚃JR唐津站南口步行7分
🕙10:00～17:00 🈲8月13～15日 🅿4輛

からつ燒 炎群
からつやき ほむら

唐津燒最具代表性的38家燒窯廠作品全都齊聚在此。這裡按照盤子或飯碗等不同種類來展示販賣，挑選商品輕鬆許多。手繪上色540日圓～與手拉坯1620日圓～等體驗課程種類也很豐富（需預約，運費另計）。

☎0955-73-5368 MAP附錄背面⑦A1
🏠唐津市紺屋町1689吳服町商店街入口 🚃JR唐津站北口即到 🕙9:00～20:00 🈲無休 🅿無

1 繪製著野草與花鳥的繪唐津。茶杯540日圓～ 2 作品數量有1萬3000件以上。從日用食器到茶道具，種類豐富充滿吸引力

1 燒窯廠的代表作琳瑯滿目，有許多日用食器。另有介紹唐津燒製造過程的展示板，也會舉辦唐津燒展、主題展等 2 以畫上唐津自豪的椎之峯窯三吋皿

唐津燒綜合展示場
からつやきそうごうてんじじょう

1F是伴手禮種類豐富的物產館，2F則展示並販賣唐津燒協同組合的加盟燒窯廠之作品。這兒會教客人如何挑選燒窯廠以及介紹景點，另有手繪上釉體驗1620日圓～（需預約。運費另計）

☎0955-73-4888 MAP附錄背面⑦A1
🏠唐津市新興町2881-1ふるさと会館アルピノ2F
🚃JR唐津站北口即到 🕙9:00～18:00 🈲無休
🅿130輛(1小時200日圓)

大啖當地的名產烏賊
到活力港町呼子散步

這裡有烏賊、那裏也有烏賊，只要提到呼子，最知名特產就是烏賊了
不但有烏賊漢堡、烏賊燒賣，就連遊覽船都叫做「烏賊丸」呢。

COMMENTED BY 遠藤サツキ WRITER

日本三大早晨市場之一──呼子朝市。每
天都營業，很多觀光客前來

よぶこ
呼子

是這樣
的地方

被玄界灘環繞
風光明媚的港町

位在玄海國家公園內，有呼子朝市，充滿著港
町特有的元氣活力。最知名的特產是烏賊，超
級新鮮的烏賊吃起來的口感很彈牙，而且帶有
一股濃厚甘甜味。到四處可見的餐廳享用活跳
跳現做的烏賊刺身是最佳選擇。搭乘遊覽船從
大海遠眺風景名勝也是另一種旅遊樂趣。

☎0955-82-3426（呼子觀光服務處）MAP 附錄背面⑧
♥從博多站搭乘地下鐵機場線往西唐津方向（直通JR筑肥
線）約1小時25分，在唐津站下車步行5分，從大手口巴士
中心搭乘昭和巴士往呼子方向30分，在呼子發着所站下車

呼子発着所巴士站

7

1

よぶこあさいち
呼子朝市

擁有100年以上歷史的朝市。被
稱為「呼子朝市通」的約200m
道路上攤販林立，有許多剛捕撈
上岸的海鮮及加工品、當季蔬菜
等。9～10時左右是最熱鬧的時
段。

2

1 呼子漢堡300日圓 2「朝一しゅうまい」的烏賊燒賣2個220日圓～

☎0955-82-3426
MAP 附錄背面⑧A3 ▲唐津市呼
子町呼子「呼子朝市通り」♥呼
子発着所巴士站步行3分
●7:30～12:00 ◎1月1日 ℗朝
市通停車場29輛

② Marinepal 呼子

きりんぱるよぶこ

七釜洞窟乃位在斷崖峭壁下，形狀有如7個鍋釜並列在一起的侵蝕洞穴，只能從海上看見全貌，若搭乘從呼子港出航的遊覽船「烏賊丸」就能輕鬆參觀。視浪潮狀態，整艘船還會駛入洞窟讓遊客體驗。

1 洞窟內可以走到船頭近距離欣賞岩壁 2 被指定為國家天然紀念物的七釜洞窟

☎0120-425-194 MAP 附圖背面⑧A3 ♠唐津市呼子町呼子 ♨呼子発着所巴士站下車即到 ¥船票1600日圓 ◷9:00〜17:00(9:30〜16:30每30分鐘出發) ◐無休(海上狀況不佳則停駛) Ⓟ市營停車場128輛(1小時100日圓〜)

③ ふく萬坊

ふくまんぼう

烏賊燒賣發源店「萬坊」的姊妹店。除了烏賊，河豚料理也很美味，使用的是自家養殖的虎河豚，完全無臭味且肉質彈牙。河豚全餐5400日圓。

1 可望見呼子港的餐廳裡頭有大型水族箱 2 呼子烏賊刺身全餐2860日圓，附烏賊燒賣

☎0955-82-1515 MAP 附圖背面⑧A3 ♠唐津市呼子町呼子3079 ♨呼子発着所巴士站步行5分 ◷11:00〜17:00(週六、日、假日10:30〜18:00) ◐不定期 ⓟ160 Ⓟ20輛

④ 大漁鮮華

たいりょうせんか

這裡是佐賀玄海漁協的直營所。不僅有新鮮的海產，加工品與蔬菜等種類也很多。附設BBQ烤肉區。

1 烏賊的一夜干3〜5片1000〜1200日圓，分為長槍烏賊與日本魷，大小不同價格也不一樣 2 100%以烏賊製成或有如日本酒酒瓶的烏賊德利950日圓、烏賊吊飾各650日圓

☎0955-82-3331 MAP 附圖背面⑧A3 ♠唐津市呼子町呼子1740-11 ♨呼子発着所巴士站步行15分 ◷9:00〜18:00 ◐不定期 Ⓟ40輛

Goal

呼子発着所巴士站

Start ① ② ③ ④ *Goal*

呼子発着所巴士站 —步行3分— 呼子朝市 —步行即到— Marinepal呼子 —步行即到— ふく萬坊 —步行15分— 大漁鮮華 —步行15分— 呼子発着所巴士站

ACCESS GUIDE

前往福岡的方式

可從日本主要都市搭乘飛機或新幹線等方式前往。

從首都圈及名古屋前往搭乘飛機最方便。京阪神與九州主要都市則可搭乘班次多的新幹線前往較便利。

從日本各地前往福岡的交通方式

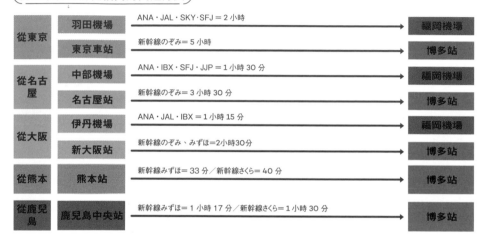

從東京	羽田機場	ANA・JAL・SKY・SFJ＝2 小時	福岡機場
	東京車站	新幹線のぞみ＝5 小時	博多站
從名古屋	中部機場	ANA・IBX・SFJ・JJP＝1 小時 30 分	福岡機場
	名古屋站	新幹線のぞみ＝3 小時 30 分	博多站
從大阪	伊丹機場	ANA・JAL・IBX＝1 小時 15 分	福岡機場
	新大阪站	新幹線のぞみ、みずほ＝2小時30分	博多站
從熊本	熊本站	新幹線みずほ＝33 分／新幹線さくら＝40 分	博多站
從鹿兒島	鹿兒島中央站	新幹線みずほ＝1 小時 17 分／新幹線さくら＝1 小時 30 分	博多站

從福岡機場前往天神、博多的交通方式

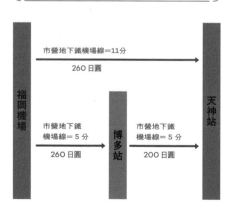

市營地下鐵機場線＝11分
260 日圓

福岡機場 — 博多站 — 天神站

市營地下鐵機場線＝5 分　260 日圓

市營地下鐵機場線＝5 分　200 日圓

洽詢處

全日空
（ANA）
☎0570-029-222

日本航空
（JAL）
☎0570-025-071

SKY MARK
（SKY）
☎0570-039-283

STAR FLYER
（SFJ）
☎0570-07-3200

IBEX Airlines
（IBX）
☎0120-686-009

PEACH
（APJ）
☎0570-200-489

Jetstar ・JAPAN
（JJP）
☎0570-550-538

JR東海
（總機）
☎050-3772-3910

JR西日本
（旅客服務中心）
☎0570-00-2486

JR九州
（旅客服務中心）
☎050-3786-1717

福岡市營地下鐵
（旅客服務中心）
☎092-734-7800

遊逛福岡的方式

地下鐵

福岡的市中心可分為博多站一帶與天神2個主要地區。兩地之間的移動基本上以能確實掌握時間的地下鐵機場線為主。地下鐵另外有箱崎線和七隈線。

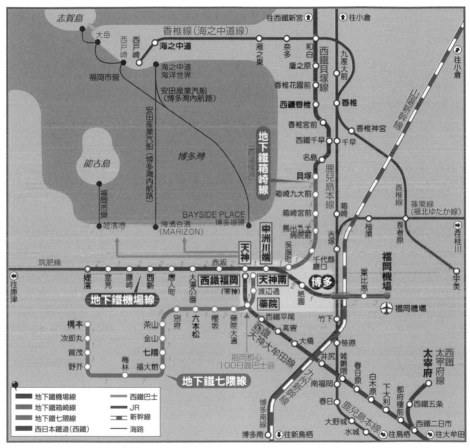

優惠車票

附贈許多觀光優惠措施
1日車票（市營地下鐵）620日圓

可一整天自由搭乘所有的市營地下鐵。沿線的觀光設施門票與指定的餐飲店都有折扣優惠。可在地下鐵各車站的自動售票機購票。

外國旅客適用的優惠車票
福岡一票通 福岡市內820日圓；含太宰府1340日圓

針對外國旅客發售，一天內可自由乘坐福岡市內的巴士與電車，分為僅限福岡市內以及包含西鐵電車的兩種版本。買票須出示護照，在福岡機場巴士起終站、地鐵客服中心（月票販售處 天神，博多）等處均有販售。

ACCESS GUIDE

(巴士)

福岡市內的所有路線巴士幾乎由西鐵巴士一手包辦。中心地區車票只需100日圓。欲前往YAFUOKU巨蛋或福岡塔等港灣地區則可搭乘行經都市高速道路的路線巴士較方便。

市中心的巴士車票為 100日圓

由福岡市中心的大博通、昭和通、渡邊通、住吉通所環繞的地區（右圖虛線內）都屬於福岡市都心100日圓巴士的範圍。如果只在此區域內移動，不僅「100日圓循環巴士」與「100日圓Liner」，其他所有的路線也都只需100日圓即可搭乘。

可視目的地選擇 方便的路線

市中心位在觀光景點集中的博多站與天神之間，串連兩地的巴士從北起會行經昭和通、明治通、國體道路、住吉通等其中一條道路，可先查詢一下哪一條巴士路線最接近目的地再搭車。

博多站前與天神地區 的巴士車站十分複雜

無論是博多站周邊還是天神地區，巴士站的數量多又複雜。可先參考右圖的巴士站位置，確認會在哪個巴士站下車、接下來要搭乘的巴士會從哪個巴士站出發。

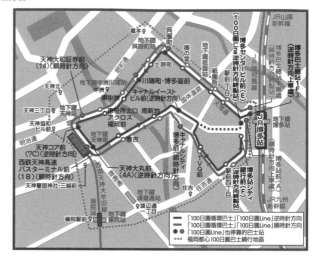

優惠車票

若是想搭乘路線巴士進行市區觀光

福岡都心1日自由乘車券（西鐵巴士）620日圓

可一整天自由不限次數搭乘福岡都心自由區域內的所有西鐵路線巴士。另有雙人券1030日圓、家庭券1440日圓。可在路線巴士車內或博多BT、西鐵天神高速BT等處購票。週六、日、假日與上述同內容的Holiday Pass更便宜，只需510日圓。

(計程車)

博多站前與天神地區都有計程車招呼站，隨時有計程車待客中。而路上往來的計程車也很多，尤其市中心及主要幹道上要叫計程車很方便。也有觀光計程車。

博多站（筑紫口）	12 分 1470 日圓	福岡機場（國內線T）
天神（市政府前）	15 分 1870 日圓	
博多站（博多口）	6 分 770 日圓	中洲（中洲川端站）
天神（市政府前）	3 分 620 日圓	
博多站（筑紫口）	15 分 2620 日圓 ＊	福岡塔
天神（市政府前）	15 分 1870 日圓	
博多站（筑紫口）	30 分 4870 日圓 ＊	太宰府天滿宮
天神（市政府前）	30 分 5470 日圓 ＊	
博多站（筑紫口）	30 分 5070 日圓 ＊	海洋世界 海之中道
天神（市政府前）	30 分 5070 日圓 ＊	

◎ 車資、所需時間皆為估算值。　＊＝都市高速道路通行費另計。

(洽詢處)

西鐵（西日本鐵道）
（旅客中心）
☎0570-00-1010

福岡市營地下鐵
（旅客服務中心）
☎092-734-7800

西鐵巴士
（旅客中心）
☎0570-00-1010

福岡交通
☎092-643-7622

福岡西鐵計程車
☎092-531-0531

福岡第一交通
☎092-481-6400

福岡MK計程車
☎092-713-2229

從福岡前往郊外地區

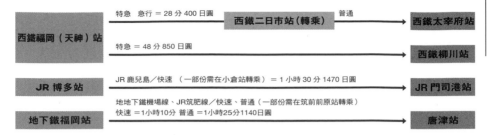

	特急　急行 ＝ 28 分 400 日圓	普通	
西鐵福岡（天神）站	→ 西鐵二日市站（轉乘）	→	**西鐵太宰府站**
	特急 ＝ 48 分 850 日圓 →		**西鐵柳川站**
JR 博多站	JR 鹿兒島／快速　（一部份需在小倉站轉乘）＝ 1 小時 30 分 1470 日圓 →		**JR 門司港站**
地下鐵福岡站	地地下鐵機場線、JR筑肥線／快速、普通（一部份需在筑前前原站轉乘） 快速 ＝1小時10分　普通 ＝1小時25分1140日圓 →		**唐津站**

優惠車票

可同時享受優雅的遊船觀光

太宰府・柳川觀光套票（1 日紀行）2930 日圓

包含西鐵福岡（天神）站・藥院站～太宰府站～柳川站之間的西
鐵電車來回票，以及柳川觀光開發公司遊船乘船券的套票。2
天內有效。沿線觀光景點有門票等折扣優惠。

品嘗名店的鄉土料理

柳川特盛套票（1 日紀行）5150 日圓（西鐵福岡站出發）

包含從西鐵天神大牟田線主要車站至柳川站的來回車票、遊船折
扣優惠乘船券、以及可在柳川挑選鄉土料理店的餐券套票。2天
內有效。

自駕兜風導覽地圖

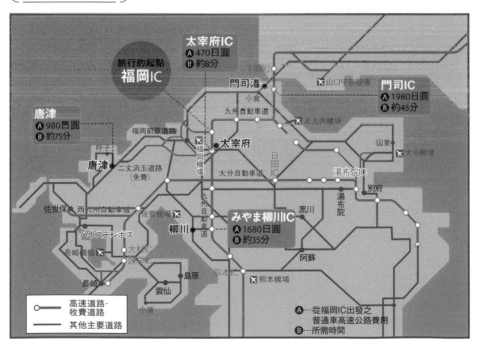

INDEX

觀光景點　用餐　咖啡廳

從地點搜尋

購物　夜間娛樂　住宿

INDEX

觀光景點　用餐　咖啡廳

來趟發現「心世界」的旅行

mani
mani

漫履慢旅
福岡
門司港懷舊區 太宰府
休日慢旅 ⑥

【休日慢旅6】

福岡 門司港懷舊區 太宰府

作者／JTB Publishing, Inc.
翻譯／尤淑心
校對／藍雯威
編輯／林德偉
發行人／周元白
排版製作／長城製版印刷股份有限公司
出版者／人人出版股份有限公司
地址／23145新北市新店區寶橋路235巷6弄6號7樓
電話／（02）2918-3366（代表號）
傳真／（02）2914-0000
網址／www.jjp.com.tw
郵政劃撥帳號／16402311人人出版股份有限公司
製版印刷／長城製版印刷股份有限公司
電話／（02）2918-3366（代表號）
經銷商／聯合發行股份有限公司
電話／（02）2917-8022
第一版第一刷／2017年1月
定價／新台幣320元

日本版原書名／マニマニ福岡 門司港レトロ 太宰府
日本版發行人／秋田 守
Manimani Series
Title: Fukuoka · Mojiko Retro · Dazaifu
©2016 JTB Publishing, Inc.
All Rights Reserved.
First published in Japan in 2016 by JTB Publishing, Inc. Tokyo.
Chinese translation rights arranged with JTB Publishing, Inc.
through Creek and River Co., Ltd., Tokyo.
Chinese translation copyright ©2017 by Jen Jen Publishing Co., Ltd.

國家圖書館出版品預行編目(CIP)資料

福岡 門司港懷舊區 太宰府 / JTB
Publishing, Inc.作; 尤淑心翻譯. --
第一版. -- 新北市：人人, 2017.01
面；　公分. --（休日慢旅；6）
ISBN 978-986-461-074-7(平裝)

1.旅遊 2.日本九州

731.7809　　　　　　　　　　105020364

LLM

● 「この地図の作成に当たっては、国土
地理院長の承認を得て、同院発行の50
万分の1地方図、2万5千分の1地形図及
び電子地形図25000を使用した。
　（承認番号　平26情使、第244−801
号）」

　「この地図の作成に当たっては、国土地
理院長の承認を得て、同院発行の数値地
図50mメッシュ（標高）を使用した。
　（承認番号　平26情使、第242−485
号）」

● 本書中的內容為2015年11月〜12月的
資訊。發行後在費用、營業時間、公休
日、菜單等營業內容上可能有所變動，或
是因臨時歇業等而有無法利用的狀況。此
外，亦含各種資訊在內的刊載內容，雖然
已經極力追求資訊的正確性，但仍建議在
出發前以電話等方式做確認、預約。此
外，因本書刊載內容而造成的損害賠償責
任等，敝公司無法提供保證，請在確認此
點之後購買。

● 本書中的各項費用，原則上是收取當時
確認的消費稅含金額。而入園門票等，
沒有特別標示者都是成人的費用，但是
各種費用還是有可能變動，在前往消費時
請多加注意。尖峰時交通工具的所需時間
都只是參考時間，請多留意。另外，關於
公共交通工具的車資，使用IC乘車卡時，
部分地區、公司的車資可能會有不同。※
公休日原則上省略新年期間、盂蘭盆節、
黃金週和臨時停業的標示。※本書刊載的
利用時間，原則上為開店（館）〜閉店
（館）。最後點菜及入店（館）時間，通
常為閉店（館）時刻的30分〜1小時前，
請多留意。※本書刊載的溫泉泉質、效能
為源泉具備的性質，並非個別浴池的功
效；是依照各設施提供的資訊製作而成。

● 本書刊載的住宿費用，原則上單人
房、雙床房是1房的客房費用；而1泊2
食、1泊附早餐、純住宿，則標示2人1房
時1人份的費用。金額是以採訪時的消費
稅率為準，包含各種稅金、服務費在內的
費用。費用可能因季節、人數而有所變
動，請多留意。

SPECIAL THANKS!

在此向翻閱本書的你，
以及協助採訪、執筆的各位
致上最深的謝意。